퀴어는 당신 옆에서 일하고 있다

퀴어는 당신 옆에서 일하고 있다

당신이 모르는,
그러나 이미
알고 있는 사람들

희정 지음

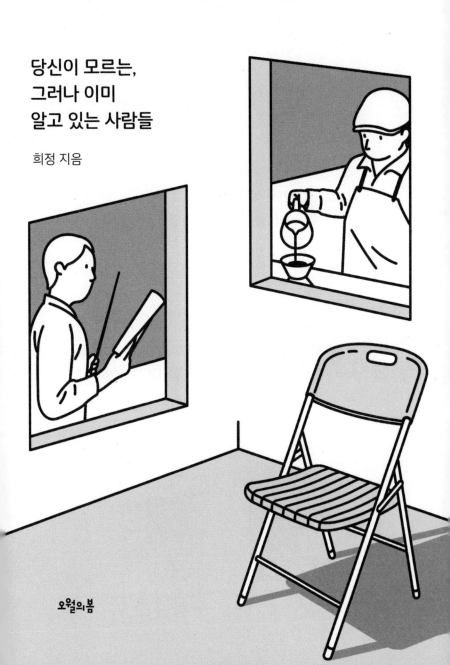

오월의봄

일러두기

- 등장하는 이름 중 일부는 가명이지만, 따로 가명 여부를 표시하지 않았다.
- 별도 설명이 없는 여성과 남성은 지정성별(태어남과 동시에 지정받은 성별)을 뜻한다.
- '성적지향'과 '성별정체성'이라는 표현이 성소수자라는 범주 안의 다양한 정체성을
  포괄하기 어렵다고 판단될 때는 '정체성'이라고 표현했다.

물음 하나. 당신의 정체성을 말해달라

20대와 30대 성소수자를 스무 명 남짓 인터뷰했다. 인터뷰를 하며 몇 가지 공통 질문을 던졌는데, 그중 하나는 이렇다. 자신의 정체성을 말해달라. 꼭 성정체성이 아니어도 괜찮다고 했다. 마주 앉아 인사처럼 정체성을 나눴다.

이들이 스스로 한 소개에 따르면, 마늘은 중산층 집안의 기대받는 첫째 '아들'이다. 우연은 독실한 기독교 신자. 규원은 '지방'에서 올라온 대학생이고, 소유는 대안학교 출신이다. 하늘은 중소기업 정규직, 정현은 파견 직원, 채연은 제조업체 생산직으로 일한다. 내 주변에 있기도 하고 없기도 한 사람들이다.

이들의 소개를 이렇게 옮겨본다.

- 마늘: 사범대생, 임용 준비를 해야 하는 입장. 양가 집안의 첫째 자녀로, 받는 기대도 컸다. 성소수자 운동을 하는 인권활동가. 최근까지는 스스로 트랜스젠더라 생각했다. 그진까지는 게이라고 생각하기도 했고, 지금은 잘 모르겠다. 퀘스처너리[questionary][1]? 그래서 젠더퀴어[genderqueer][2] 정도의 넓은 범주에서 나를 정체화한다.

- 정현: 트랜스남성, 에이섹슈얼[asexuality][3], 에이로맨틱[aromantic][4]이다. 파견직으로 근무하고 있다. 회사에선 '여직원'으로 대해지고 있다.

- 하늘: 여성, 레즈비언, 노동자, 제3세계 지방인. 벗어날 수 없어 슬프다. 너무 우울하긴 하지만, 현재 내 답은 그렇다.

낯선 정체성 단어들에 눈이 가겠지만(퀘스처너리, 젠더퀴어, 에이섹슈얼…… 설명해야 할 용어만 지금 몇 개째인가?) 정작 흥미로운 지점은 따로 있다. 누구도 자신의 '보편적' 정체성을 말하지 않았다는 사실이다.

---

1   스스로의 성적 특성에 대해 '질문question'을 가지고 있는 사람. 자신이 어떤 정체성이나 지향성을 가졌는지 의문을 품고 가능성을 열어두는 이를 지칭한다.

2   젠더를 남성과 여성 둘로만 분류하는 기존의 이분법적인 성별 구분을 벗어난 종류의 성정체성, 또는 그런 성정체성을 가지고 있는 사람.

소위 '지방'에 사는 이들은 자신의 정체성에 출신 지역을 넣었다. 고향에 대한 향수나 토속적 정체성과는 무관한 일이다. 남한 인구의 반이 살고 있다는 서울(수도권). 일자리는 물론 문화, 교육, 의료 등 대다수 인프라가 집중되어 있다. 그런 중심지에서 멀리 떨어져 있다는 박탈감, 서울 시민이 아니라는 자각이 더 컸다. 그러나 서울에 사는 이들은 정체성을 소개하는 자리에서 '서울'이라는 지명을 언급하지 않는다.

이는 '장애' 영역에서도 드러난다. 사회가 장애라 여기는 속성을 지니지 않은 이들은 자신을 '비장애인'으로 소개하지 않는다. 반면 장애를 겪는 이들은 '장애인'이라는 정체성을 말하지 않고는 자신을 설명할 수 없다.

이렇듯 어떤 정체성은 생략된다. 너무도 당연해서 밝힐 필요가 없는 것이다. 마치 '비성소수자', '이성애자'라는 말처럼 말이다.

누군가에게 자신을 소개한다고 생각해보자. '이성애자'라고 소개하는 일은 드물 것이다. 남자와 여자가 사랑하고 맺어지는 일이 당연한 사회에서 '이성애'는 사랑이나 로맨스라는 이름으로 대체된다. 이성애라는 정체성은 언급될 필요가 없다. 당연하기에 굳이 말할 필요가 없다. 우리는 보편(적인 정체성)에 대해 말하지 않는다. 그래서 보편의 또 다른 이름이 특권이라는 사실도 잊는다.

---

3 타인에게 성적 끌림을 느끼지 않거나 성적 끌림이 낮은 성향 혹은 그런 성향을 가지고 있는 사람.

4 타인에게 연정적 끌림을 경험하지 않는 성향이나 그런 성향을 가지고 있는 사람.

보편의 자리에 위치하려면 특별한 힘이 필요하다. 특정함을 보편으로 보이게 하는 힘. 서울이 곧 한국이라 인식하게 하는, 모든 사람이 '신체 건강한' 비장애인이라 착각하게 하는 힘. 인간을 말할 때 남성을 먼저 떠올리게 하는 힘. 이 힘들은 보이지 않게 작동한다. 특권적 위치는 쉽게 자각되지 않는다. 오히려 소수성이 눈에 띄게 된다. '당연하지 않은 이'들(소수자)에게 '당연하지 않은 것'(형평을 위한 보상)을 인위적 방법(사회제도 마련)으로 주려 할 때 외려 "특혜다"라는 소리가 터져 나오는 이유다.

인터뷰에 참여한 이들의 소개가 낯설고 난해한 단어로 채워진 까닭은 이들이 '당연한 이성애자', '당연한 비성소수자'라는 특권에서 비껴난 존재이기 때문이다. 당연하지 않은 언어, 꼭 말해야만 하는 정체성을 가진 이들. "이 정체성을 뺀다면 나를 설명할 길이 없는"[5] 이들.

다소 복잡해 보이는 수많은 정체성의 명명은 이들의 목소리이자 그 자신 자체다.

물음 둘. 당신의 노동을 말해달라

"제가 인터뷰에 적합한 사람인지 모르겠어요." 인터뷰에

---

5 혜민(바이섹슈얼, 카페 아르바이트). "저는 제 정체성이라 생각되는 것을 계속 말하려고 하는데, 그것을 빼놓고는 나를 설명할 수가 없기 때문이에요. 남자친구와 만나는 내가 경험하는 게 다르고 여자친구랑 만날 때 내가 다르고. 나를 설명하기 위해서는 그 이야기들을 끌어올 수밖에 없고."

응한 성소수자 중 적지 않은 이가 이렇게 말했다. 자신은 직장에서 '성소수자가 아니기에' 성소수자 노동을 말할 자격이 되는지 모르겠다고 했다. 직장에선 이성애자, 태어난 대로 사는 사람(지정성별대로 사는 사람)으로 통한다고 했다.

하지만 그 덕에 인터뷰가 가능했다. 이들이 '정상'을 연기하지 않았다면 입사조차 힘들었을 것이다. 세상이 낯설어하는 정체성을 숨긴 채 세상에 익숙한 정체성을 연기한다. 덕분에 사람들은 모두가 '정상'인 일터에 다닌다. '어딘가 있을' 성소수자도 일을 해야만 먹고살 수 있는 사람이라는 사실을 떠올릴 필요가 없다.

내 관심은 이들이 매일같이 하는 비성소수자 '행세'였다. 이성과 만나는 일을 연기해야 하는 사람은 행세를 거듭할수록 이성애 관계가 어떤 필요와 욕망에 의해 권장되는지 떠올리게 된다. 치마를 입는 일이 익숙하지 않은 이는 아침마다 옷장 앞에서 생각한다. 이 무대의상을 어떤 이유에서 요구받는지. 성소수자는 사회라는 무대장치를 다른 이들보다 선명하게 인식하는 존재들이다. 그 자신이 능숙한 배우인 까닭이다.

인간과 사회의 연극성에 착목한 사회학자 어빙 고프먼은 저서 《자아 연출의 사회학》[6]에서 행위자와 관찰자 모두에게 영향을 미치는 사회적 행위를 '연출'이라 불렀다. "공연자가 연기에 완전히 몰입하여 진심으로 자기가 연출하는 인상이

6　어빙 고프먼, 《자아 연출의 사회학》,
　　진수미 옮김, 현암사, 2016.

진정한 실체라고 확신하는" 경우, 관객 역시 "적어도 그 순간만은 그의 연기에 설득당한"다는 것. 이때 의문을 품는 사람은 그 자신 같은 사회학자나 불평분자뿐이라 했는데, 나는 전자보다는 후자에 가까웠다. 노동은 왜 이렇게 고달프고 보람된 것인지. 일하는 사람들은 어떤 이유로 나뉘고 쪼개지는지. 사람들이 하는 노동은 늘 내 불평과 관심의 대상이었다.

직장이라는 무대는 배우들의 노동이 반복되는 곳이다. 그곳에는 연기에 몰입한 채 지문과 대사를 읽는 이들이 있다. 그 대본이 궁금했다. 그래서 자신의 행위를 '연기'로, 그 자신을 배우로 인식하는 사람들을 찾았다. 성소수자들의 노동을 추적한 이유가 여기에 있다. 무대에서 벌어지는 일을 선명히 말해줄 이들이 필요했다.

그들에게 물었다. 당신의 노동을 말해달라고.

물음 셋. '우리'에 대해 말해달라

성소수자 노동자를 만나러 가면, 인터뷰 장소에 아르바이트·계약직·정규직 직원이 나와 있었다. 청년이라 불리는 세대를 만났고, 고졸 학력 취득자와 대학원생, 서울 사람과 '지방'에서 올라온 사회초년'생'을 보았다. 오직 자신의 성정체성에 대해서만 말할 수 있는 사람은 없었다. 외적인 몸의 형태를 말하다가 질환 이야기가 나왔고, 직장 문화에 대해 말하고자 한다면 나이와 서열을 짚고 넘어가지 않을 수 없었다. 세상에 성소수자이기만 한 사람은 없었다.

무엇보다 노동을 말할 때, 여자와 남자를 언급하지 않을 수 없었다. 여자가 아니어도, 남자가 아니어도, 다른 무엇이거나 그 무엇도 아닐지라도 세상은 그들을 여자/남자로 호명했다. 치마를 입었을 뿐인데 세상은 '여자 옷'을 입었다고 했다. 이들은 맞지도 않는 여자/남자 옷을 입고 일터로 갔다. 그 모습이 눈에 밟히면서도 반가웠다. 마피아 게임에서 고개를 들어 또 다른 마피아와 눈을 마주친 것 같은 기분이었다. "밤이 되었습니다. 마피아는 고개를 들어 서로를 확인해주세요."

성소수자의 노동을 취재하기 시작한 것은, 나 자신의 '여자 노동'이 한창일 때였다. 여자가 더 잘할 것이라 기대되는 역할과 그에 부응해 연출해야 하는 이미지. 공식적인 업무 분장에는 없지만, 여자들이 다 하고 있는 그런 일. 그래서 '자연스럽다고' 여겨지는 노동에 숨이 막혔다. 호흡을 위협받는 순간까지 '여자로' 생각하고 말하고 웃는 내가 있었다. 그럴 때마다 고개를 들어 책상 파티션 너머를 봤다. 수그린 동료들의 뒤통수가 보였다. '정상' 시민들 모르게 고개를 들어 서로를 확인할 마피아 동료가 필요했다.

인터뷰를 한 어떤 이는 자신의 정체성을 "성^性의 경계에 선 사람"이라고 소개했다. 남과 여를 둘로 선명하게 나눌 수 있다고 믿는 사회에서, 어느 영역에도 온전히 포함될 수 없는 이들은 어두운 밤이면 고개를 들어 자신이 선 경계의 자리를 인식했다. 그이들의 시선을 좇았다. 경계 안 노동을 낯설게 보는 시선이 나를 숨쉬게 했다.

인터뷰 자리에서 나는 이들을 성소수자라 지칭하지 않았다. '퀴어^{queer}'라 불렀다. 성소수자를 지칭하기도 하는 퀴어라는 단어는 세상이 만들어놓은 규범을 벗어난, 어딘가 '색다르고' '이상한' 이를 가리켰다. 퀴어라는 말을 반복할수록 의문이 들었다. '우리'는 '비^非퀴어'일까.

나를 둘러싼 규범이 언제 어디에서든 내 몸에 꼭 맞을까. 퀴어를 경계에 선 사람 혹은 경계 밖에 있는 사람으로 규정하기 전에 그 경계가 대체 어디에 그어졌는지 물어야 하지 않을까. 어느 곳에 서야 '정상인'일까.

세상에 성소수자이기만 한 사람은 없다. 또한 '정상'이기만 한 사람도 없다. 무수히 많은 정체성이 내 몸에 겹쳐 삶으로 표현된다. 그럼에도 '우리'는 이쪽과 저쪽을 철저하게 나눈다.

나 역시 한쪽에 서서, 정체에 '비^非'를 붙이고 물었다. 성소수자와 비성소수자, 경계와 정상, 그 혼란과 접점을 듣고 싶었기 때문이다. 성소수자 노동자에게 요청했다.

저들과 이들, 우리의 노동에 대해 말해달라고.

키워드

인터뷰 대상을 임금 노동자와 청년 세대로 국한했다. 임금의 형태로 대가를 주고받지 않는 수많은 노동(가내노동 등)에 대한 판단은 뒤로 미뤘다. 청년이라는 범주 또한 개인이 지닌 정체성과 결부시키지 않는다면 무의미한 설정이었으나, 통념적인 범주를 가져와 적용했다.

중증장애인 (예비)노동자에게 취업준비'생'이라는 정의가 무의미하듯, 각자가 지닌 소수성에 따라 청년이라 규정지을 수 있는 연령대와 경험이 달랐다. 그럼에도 '청년 노동'이라는 이름을 빌려와 취업 준비-사회 초년 시기에 초점을 맞췄다. 취업 문턱을 통과할 수 있는 몸이 무엇인지 말하지 않고 통과한 몸들의 노동을 말하긴 힘들기 때문이다.

모욕면접, 꾸밈노동, 블라인드 테스트, 유리천장, 어린 여자, 정규직, 공정, N포 세대.

'청년' 노동을 말하기 위해 불러온 8개의 키워드다. 이를 좇아 이야기를 전개하려고 한다. 취업과 청년 노동에 관한 식상하고 흔한 용어들을 임의로 선정했다. 직장에서 우리가 겪는 문제는 새로운 것이 아니다. 먹고사는 일이 그렇다. 그것을 해결할 방안이 새로운 인식과 관점에서 이뤄지길 바랄 뿐이다. 이 책의 '저들'에게 던진 질문 역시 새롭지 않을지 모른다. 바라는 것은 참신함이 아니다. 그이들에게 건넨 질문이 '우리'에게 되돌아오길 바랄 뿐이다.

모욕과 증명 사이

모욕

《젠더 무법자》에서 케이트 본스타인은 모욕에 대해 이렇게 언급했다. "모욕은 젠더 수호자가 쥔 채찍 중 하나다. ······ 우리는 모욕에 신경쓰라고 배운다."[1]

본스타인은 태어나 지정받은 성별(남성)과 살고 싶은 성별이 다른 사람이다. 태어난 이상 주어진 성별로 살아가야 하는 세상에서 그는 '모욕'이라는 채찍질을 당하며 '남성다움'을 학습해왔다.

본스타인이 여성의 몸으로 '전환'하자[2] 그의 친구는 이렇게 말한다.

---

[1]   케이트 본스타인,《젠더 무법자》, 조은혜 옮김, 바다출판사, 2015.

[2]   본스타인은 '성전환 수술'을 받았으나, 스스로를 젠더 비관행gender non-conforming(성별 이분법에 순응하지 않음)을 실천하는 인물로 정체화한다.

"여성이 되고 싶다면, 모욕당하는 것부터 배워야 할 거야."

본스타인은 새로운 모욕을 선택했고, 트랜스젠더 운동가이자 행위예술가로 살아갔다. 그가 쓴 책이 훗날 한국에도 소개된다.[3] 당시 헬조선이라 불리던 이곳에는 또 다른 모욕이 만연했다. 취업이 사람들을 모욕했다. 취업문은 좁고, 면접관은 무례했다. 비좁은 문을 통과하지 못한 사람에게 무능이라는 이름표가 붙었다. 무능은 모욕보다 무서운 단어였다. 면접관의 무례한 태도에도 유능하게 대처해야 한다는 강박이 커져갔다. 일명 모욕(압박)면접 스터디가 성행했다. 모욕마저 하나의 자기계발이 되었다.

증명

모욕이 만연한 세상에서 사람들은 '시험'을 탈출구로 삼았다. 소수점까지 살펴야 당락이 결정되는 시스템은 공정한 제도로 칭송받았다. 그러자 이번에는 면접관의 무례가 아닌 세상의 무례를 말하는 사람들이 생겨났다.

"나에 대한 무례가 아닌가?"[4]

시험이라는 관문을 거치지 않고 정규직에 오르는 이들을 보며 말한다. 자신은 고시원에 스스로를 유폐시킨 채 이 시

---

3 1980년대부터 트랜스젠더 이슈를 가지고 미국에서 활동해온 케이트 본스타인은 1994년 *Gender Outlaw: On Men, Women and the Rest of Us*를 출간한다. 한국에는 2015년 《젠더 무법자》라는 제목으로 번역·출간됐다.

4 엄기호, 《이것은 왜 청춘이 아니란 말인가》, 푸른숲, 2010. "힘들다고 징징거리는 것보다 그 시간을 나를 단련하는 데 충실하게 쏟아붓고 있는 나에 대한 무례가 아닌가."

대의 경쟁을 견디는데, 누군가는 그 길을 무사통과한다. 정규직 전환이 법에 근거했다는 사실도 위안이 되지 않는다. 나의 '노력'을 존중하지 않는 세상의 무례함에 화가 난다.

노력은 그만치 숭고한 단어가 됐다. 동시에 증명받지 못한 노력은 아무것도 아니게 되었다. "열정마저 스펙으로 증명"[5]하라는 세상이었다.

정체성

어차피 증명받아야 한다면, 공정한 검증을 받고 싶다는 외침이 쏟아졌다. 공정과는 거리가 멀었던 정권이 '촛불'에 의해 끌어내려진 그 겨울을 지나 봄이었다. 그해 봄, 대선을 앞두고 어느 레즈비언 활동가의 물음이 회자됐다.

"저는 여성이고 동성애자인데 제 인권을 반으로 자를 수 있습니까?"[6]

그이는 대통령 후보 앞에서 물었다. 한 사람이 동시에 갖고 있는 동성애자와 여성의 정체성을 어떻게 반으로 나눌 수 있냐고. '청년' 또한 그랬다.

모두 '헬조선'을 살아가지만, '청년'이라는 이름만으로 묶일 수 없었다. 그런데도 세상은 '청년'을 안타까워했다. 단군

---

5   KBS 드라마 〈쌈 마이웨이〉(2017)의 한 장면에서 면접관이 한 대사로, 정확히는 이러하다. "열정은 혈기가 아니라 스펙으로 증명하는 건데, 그동안 애라 씨는 뭐 했어요?"

6   2017년 5월, 성소수자 인권단체 활동가들이 당시 문재인 대선 후보의 싱크탱크 포럼(정책공간 국민성장)을 찾았다. 성평등 정책을 발표하는 그 자리에서 곽이경 인권활동가는 "저는 여성이고 동성애자인데 제 인권을 반반으로 자를 수 있습니까", "왜 성평등 정책 안에 동성애자에 대한 평등은 없는 겁니까"라고 외쳤다.

이래 최고 스펙으로도 정규직에 도달할 수 없는 슬픔이란, '20대 남성'들의 서사일 뿐이었다. '20대'와 '남성' 사이에 들어올 수 있는 정체성 또한 정해져 있었다.

(20대) 대졸자, 도시 거주자, 비장애인, 비질환자, 이성애자-비성소수자, 자국민 (남성).

이들의 서사를 감히 넘볼 수 없는 외부자들은 안타까움의 대상일 수 없었다. 그러나 그들의 이름도 '청년'이었다.

노동

하나의 이름으로 불리는 '청년 노동'을 보며 나는 이 문장을 떠올렸다.

"그건 모두 남자들이 남자들의 목소리로 들려준 것이다. 우리는 전쟁에 대한 모든 것을 남자의 목소리를 통해 알았다."[7]

이상하게 '목소리'는 하나였다. 우리가 알고 있는 노동도 하나의 목소리를 통해 말해졌다. 그러나 그 자리에 '남자들의 목소리'란 말을 넣고 싶진 않았다. 비록 20대 남성의 얼굴을 한 '청년 노동'이었으나, 그렇다고 그 반대편에 여성을 놓을 수 있는 것도 아니었다. 하나의 몸에 수많은 정체성이 얽혀 있듯, 노동 현장에도 수많은 정체성이 얽히고설켜 분투한다.

7   스베틀라나 알렉시예비치,《전쟁은 여자의 얼굴을 하지 않았다》, 박은정 옮김, 문학동네, 2015.

그러나 내게, 노동은 '유리구두'를 신은 사람들의 목소리로만 들렸다.

유리구두

유리구두를 신고 걷지만 사람들은 단지 '걷는다'고 했다. 유리구두를 신은 채 생각하고, 웃고, 말했다. 유리구두는 내 발에서 떨어진 적 없는 존재였다. 노동을 할 때도 유리구두를 신은 채였다.

그제야 평생 벗어본 적 없는 유리구두의 이질적인 감촉이 느껴졌다. 구두를 벗은 맨발의 촉감이 어떤지 몰랐다. 그런데도 낯설었다. 모두가 나를 구두로 대하고 있다는 느낌 때문이었을 것이다.

벗을 순 없었다. 주위를 둘러봐도 유리구두를 벗은 사람이 없다. 모두가 구두를 신고 있는 세상에서 홀로 맨발로 서 있을 자신도 없었지만, 더 큰 문제가 있었다. 구두를 분리하는 법을 몰랐다. 어디서부터 살갗이고 어디서부터 유리인지 구분조차 할 수 없었다.

그렇게 나의 노동에서 '여자'라는 성性을 벗겨낼 수 없었다. 애초 둘은 분리되어 존재한 적이 없었을지도 모른다.

금

유리구두 벗기를 포기할 즈음, 나는 피를 흘리는 이들을 보게 됐다. 구두를 벗으려다가 날선 유리에 살갗을 긁히고 피 흘리는 맨발을 드러낸 존재들이었다. 자신의 성별정체성과 성적지향이 사회가 부여한 것과 맞지 않다고 깨달은 이들. 세상은 이들을 '소수자'라 불렀다.

발이 뒤틀렸거나 구두를 신을 수 없는 몸을 가진 사람은 면접장에 들어설 수 없었다. 그런데 피 흘리는 저이들은 구두와 맞지 않는 발을 감내하고 면접장을 통과했다.

그러다가 결국 발을 옥죄는 구두를 깨트렸다. 나는 이들을 통해, 무엇과도 분리되지 않을 것 같던 노동에 금이 가는 것을 보았다.

접점

피 흘리는 발은 취업 가시밭길을 진창으로 만들었다. 발밑이 푹푹 꺼졌다. 모두의 삶이 고단하지만 어떤 이들의 삶은 특히 더 고단했다. 하지만 사람들이 그저 각자의 이유만으로 불행할 리 없었다.

고단함에는 접점이 있다. 케이트 본스타인과 여자인 그의 친구가 받아온 모욕은 다르면서도 같다. 그 접점을 기록하려 했다. 그간 노동 이야기는 '모두 비성소수자들이 비성소수자들의 목소리로 들려준 것'이기 때문이다.

다른 목소리가 필요했다. 유리구두를 벗으려다 상처 입고 피 흘린 사람들의 경험을 렌즈 삼아 들여다보았다. 이들의 경험과 우리의 고단한 접점이 모두의 노동에 대해 말해줄 것이라 믿었다.

1부

관문

"차마 말할 수 없는 것은 여전히 여기 있어요.
바로 당신들 한가운데에."**1**

1   크리스토퍼 이셔우드, 《싱글 맨》,
조동섭 옮김, 창비, 2017.

직 장

🚹 직장에서 성 정체성 때문에 난감한 경우가 있나요?

🚹 어떻게 대처했나요?

키워드 1. 모욕면접

"남자친구 없어요"

"붙어도 이 회사는 안 갈래."

미리는 여자친구 품에 가 안겼다. 사무 보조를 구한다는 중소업체 면접을 보고 나온 길이었다. 부장이라는 사람이 나와서 면접이라는 것을 봤다. 부장은 나이를 묻고, 사는 곳을 묻고, 아버지와 어머니 직업에 이어 동생 안부까지 물었다. 면접이라 이름 붙은 불편한 대화. 면접비도 지급하지 않으면서 회사는 미리의 시간을 산 듯 굴었다. 고등학교 전공과 대학 전공이 왜 다른지까지 물었을 때, 미리는 직감했다. 이 회사는 아니구나. 그렇다고 자리를 박차고 일어설 순 없었다.

결국 자취하냐는 질문까지 받는다. "혼자 살아요? 한창 좋을 때네." 당연한 수순처럼 부장은 남자친구가 있느냐고 물었다. 이쯤 되면 미스터리 쇼퍼^{mystery Shopper 1} 면접이 아닐까 싶은데, "한창 좋을 때"인 "꽃다운 나이" 미리에게는 익숙한 면접용 질문이다.

미리의 면접 이야기를 들은 친구들은 한마디 했다. "최저시급 주면서 꼬치꼬치도 묻네." 그러나 다들 안다. 9시 출근, 6시 퇴근. 최저임금 살짝 웃도는 월급이면 나쁘지 않은 직장으로 통했다. 요즘 세상이 그러니까. 나쁘지 않은 직장에서 나쁜 사람은 아닐 부장이 묻는다. 가족 관계, 자취 여부, 애인 유무, 그러다가 외모 지적까지. '여자'와 관계된 것을 묻는다. 거름망이 없다.

'남의 돈' 받는 사람이 무례함에서 자유롭긴 쉽지 않다. 취업이 꽤나 힘든 이 시절에는 더하다. 면접자 10명 중 7명이 면접에서 '갑질'을 당했다는 설문 결과도 있다.² 무례는 작은 사업장에서만 일어나는 일이 아니다. 크든 작든 모욕을 가할 이유는 차고 넘친다. 반복해 말하지만, 요즘 세상이 그렇다. 규모 있는 기업에서도 사람을 걸러낸다며 압박을 빙자한 모욕을 선사한다. 일명 압박면접. 취업을 원하는 이들은 모욕을

---

1 고객을 가장해 점원을 평가하는 사람.

2 2018년 3월 취업포털 '인크루트'가 진행한 설문조사. 갑질 유형으로는 '고정관념과 편견으로 가득 찬 질문'이 1위(17.1%)를 차지했고, '도를 넘는 사적인 질문'(14.2%), '비웃음이나 무관심 등 답변을 무시하는 태도'(12.5%) 등이 상위에 올랐다. 갑질 사례로 응답자들이 작성한 주관식 답변을 몇 개 옮겨와본다.

- 다리가 예쁘네. 남자들이 좋아하겠어.
- 여자가 손에 기름 묻히면 시집 못 갈 텐데 괜찮겠어요?
- 계집애처럼 생겼는데 일이나 제대로 하겠어?
- 제 질문은 이거 하나입니다. 3년 동안 애 안 낳을 각오 있으면 알려주세요.

훈련해야 했다. 스터디 하듯 팀별로 모여 서로에게 무례하고 당혹스러운 질문을 던진다. 고용을 볼모로 잡힌 '을ᶻ'들의 자기계발이다. 이런 위계질서에서 '어린 여자' 미리는 그 누구보다도 '을'이다.

병ᵇ, 정ᵀ은 되지 않기 위해 거짓말을 한다.

"남자친구 없어요."

보호색, 그들처럼 보이는 일

따지고 보면 거짓말은 아니다. 미리의 애인이 남자는 아니니까. 그렇다고 "애인은 있는데 여자예요" 하진 않는다. 부장은 놀랄 것이다. 그 후엔? 미리는 생경한 시선보다도 성희롱과 폭력을 더 걱정한다.

"사무 보조 일이면 (사무실에) 중년 남성들이 대부분일 테고, '여직원' 뽑아서 일하는 곳인데. 제가 말할 이유가 하나도 없죠. 어떤 소리 들을지 빤하니까. 나를 성적 대상화하고. 여자끼리? 그런 식으로 상상하고 대할 거니까."

미리의 걱정은 지나치다. 취업되고 나서를 걱정하다니. 성적지향³을 밝힐 경우 채용되기나 할까. 근무하다가도 해고되는 것이 현실이다. 2014년 대구에서 퀴어 행사에 참석한 사실

---

3 또는 성적(지향) 정체성. 성적지향이란
   자신이 이끌리는 이성, 동성 혹은
   복수의 성 또는 젠더를 나타낸다.

을 들킨 성소수자가 아르바이트하던 가게에서 해고된 일이 있다.[4] 이때 체불된 임금만 200만 원. 사장은 이 임금조차 지급하지 않으려 했다. 왜? 그가 성소수자여서?

바이섹슈얼bisexual[5]인 미리는 잘리지 않기 위해, 임금을 떼이지 않기 위해, 안전하기 위해 '패싱'한다. 패싱passing[6]이란 지나치는 일이다. 누구도 가던 걸음을 멈춰 뒤돌아보지 않도록, '그들처럼' 보이는 일. 미리는 남녀가 짝을 이루는 것이 '정상'이라는 사회에서 '평범'을 행세한다. 간단히 말해, 남자만 좋아하는 척 군다. 내 옆에 성소수자가 있을 리 없다는 사람들의 믿음이 미리의 위장을 돕는다.

성소수자는 존재한다. 다만 몸을 숨길 뿐이다. 다름을 못 견디는 세계에서 이들은 보호색으로 자신을 숨긴다. 거짓과 침묵이 보호색으로 기능한다. 하루 8시간 넘게 같은 사람들과 한 공간에 머무는 것이 보통인 직장을 다니면 거짓을 말할 일이 많아진다. 강표는 커플반지를 샀다고 했다. 그걸 혼자 낀다. 하나는 가상의 여자친구를 위해 남겨두었다. 그는 커밍아웃 하지 않은 게이이고, 회사 동료들은 그의 연애에 관심이 많다. 동료들은 일상을 공유하고 싶어 하지만, 문제는 강표의 일상이 그들의 기대와 다르다는 것. 강표는 가짜 반지, 가짜 커플 사진, 가짜 연애 스토리를 만든다.

거짓말 한두 개로는 안 된다. 한국 사회에서 연애, 결혼,

---

4 〈동성애자라서 해고하고 집에 찾아와 '네 엄마도 알아야 한다'〉, 《뉴스민》, 2015. 5. 30.

5 한 사람이 하나 이상의 젠더에게 성적으로 끌림을 경험하는 성적 지향(성).

자녀 출산의 문제는 면접관만 궁금해하는 사안이 아니다. 누군가는 오지랖이라 하고, 누군가는 관심이라 말하는 궁금증은 어디서든 튀어나온다. "몇 살인가? 그래, 여자친구는 있고? 사내라면 모름지기 가정을 꾸려야……" 이런 대사를 떠올리는 것은 어려운 일이 아니다. 그 대사를 사장이 하고 부장이 하는 곳이 직장이다. 누구나 '이성'을 만나 '즐거운 나의 집'을 꾸리길 꿈꾼다는 사람들의 생각이 성소수자들을 거짓을 반복해야 하는 상황으로 내몬다.

거짓이 늘어날수록 각본이 필요하다. 지문과 대사는 섬세해야 한다. 정체를 들킬 가능성은 의외로 높다. 남녀의 역할과 성향이 다르다 여기는 사회에서 여-여, 남-남 커플이 빚는 묘한 불일치 때문이다. 예를 들어, 강표의 '진짜' 애인은 나이가 많은데, 직장에서 이야기할 때 강표는 애인의 성별은 물론이고 나이까지 거짓으로 말한다. 나이 차가 많이 나는 연하 남성과 연상 여성은 사람들을 의아하게 만들기 때문이다. 여성 커플의 경우에는, 화장품을 같이 쓰고 있다거나 여자대학에서 만났다는 말이 튀어나오지 않게 조심해야 한다. 조금 더 철저하고 싶다면 가상의 남자친구가 나온 군부대 명까지 정해두는 준비성을 보인다.

"지금 평계를 대고 뽑히면 나중에 결혼은 안 하냐? 애는 언제 낳느냐? 독신주의냐? 이런 소리에 다 대답을 해야 할 텐

---

6 어떤 사람을 특정 사회집단의 구성원으로 여기게끔 외양과 행동을 위장하는 일을 가리킨다. 인종적 측면에서는 백인과 유사한 신체적 특징을 지닌 흑인이 자신의 인종을 숨기고 백인으로 행세하는 일을 가리키는 단어였다. 넬라 라슨의 장편소설 《패싱》에는 흑인 혼혈아임을 숨긴 채 백인 인종주의자와 결혼한 여성 클레어가 등장한다.

데. 겁이 난다고 할까. 면접이라는 게 생각하고 답할 게 정말 많잖아요. 그런데 이미 여기서 '멘붕'이 오는 거죠."

미리와 비슷한 처지의 채연이 정식 직업을 가지지 않고 단기 아르바이트를 하며 떠도는 이유다. 섬세한 각본은 버겁다. "사람들이 의심할 틈 없게 끊임없이 이성애자인 척"[7]해야 하는 일이다. 집에 돌아와 낮에 동료들에게 한 말을 되짚는다. 실수가 있진 않았는지. 늘 들통날 것을 염려하는 마음은 어딘가 슬프다.

법학자이자 성소수자인 켄지 요시노는 저서 《커버링》에서 패싱을 "자신의 정체성을 받아들이되 타인에게 숨기고자 하는 욕구"라고 설명했다.[8] 그러면서 벽장 속에 숨어 지내는 것이 아무리 나쁘다 해도 전기충격요법보다는 낫다고 말한다. 거짓말이 아무리 힘들어도 굶어 죽는 것보다 낫다. 무대 의상을 입고 면접장으로 가야 한다.

미리

여성이라는 정체성이 가장 크고 그 외에 성소수자, 지방인, 법외 장애인, 우울증 정신질환자, 한부모 가장 자녀, 대학 자퇴 같은 정체성들이 있다."

---

7   헤민(바이섹슈얼, 카페 아르바이트)
    과의 인터뷰. "(퀴어 노동이란?)
    이성애자 노동을 끊임없이 수행해야
    하는? 정상적인 존재로 인식될 수 있게,
    사람들이 의심할 틈 없게 끊임없이
    이성애자인 척해야 하는. 그런 측면을
    수행했던 거 같아요."

8   켄지 요시노, 《커버링》, 김현경 외 옮김,
    민음사, 2017.

#지정성별_여성 #20대 #비수도권_거주 #바이섹슈얼
#데미로맨틱demiromantic 9 #사무_보조직

면접 단골 질문, 결/남/출

면접이 거듭될수록 미리는 애인 유무를 묻는 질문에 익숙해진다. 다른 이들도 자신만의 노하우를 만들어간다. 마치 취업 문턱에 서서 면접 횟수가 거듭될수록 준비한 대본을 자연스럽게 읊게 되는 다른 사람들처럼 말이다. 그럼에도 바란다. 솔직하게 답할 수 있다면.

그러나 면접장에 들어선 이상 "애인 있습니까?"라는 질문은 간단히 답할 사안이 아니다. 사장 친인척이 아니고서야 실실 웃으며 "그럼요. 사이가 얼마나 좋은데요"라고 할 면접자가 있을까. 면접은 솔직함을 요구하지 않는다. 진실이 미덕이라면 지원 동기를 묻는 면접관에게 "돈이요. 다 돈 벌려고 하는 거죠"라고 답해야 할 터다. '어디든' 취업하고 싶다는 간절함을 '이곳에' 취업하고자 하는 간절함으로 위장해야 하는 것이 면접 자리다.

사생활을 캐묻는 질문에도 무엇이 정답에 가까울지 계산

---

9 '일부'를 뜻하는 'demi'와 로맨틱의
   합성어. 타인과 강한 정서적 교류가
   만들어진 후에야 로맨틱한 끌림을
   경험하는 성향을 가리킨다.

해야 한다. 대답은 진취적이되 겸손해야 하고 독창적이지만 진지해야 한다. 그 어려운 걸 예비 신입 사원이 해내야 한다. 비성소수자–남성 면접자에게도 "애인 있습니까?"라는 질문은 어렵다. 애인이 있다고 답하면 연애하느라 취업 준비는 뒷전인 사람처럼 비춰질까. 없다고 하면 인간관계에 하자가 있어 보일까. 별스런 걱정이 아니다. 모두가 연애를 꿈꾸고 있다고 믿는 사회에서 꿈을 이루지 못한 사람은 능력을 의심받는다. (더구나 청년이므로 '청춘의 낭만'까지 챙겨야 한다.)

남성 면접자가 택할 수 있는 모범 답안은 "좋은 관계를 유지하고 있고, 둘의 미래를 위해 성실히 취업 준비를 해왔습니다" 정도다. 이때 '두 사람의 미래를 위해'라는 말을 넣어 자신이 부양 책임을 느끼고 있음을 어필한다. 남녀가 결혼을 하고 남성이 생계 부양자가 되는 가족 모델이 일반적인 사회에서 '가정'이라는 단위를 확보한(확보할) 남성은 능력과 책임감을 인정받는다. 그 인정이 가산점으로 이어지길 바란다.

반면 여성 취업자는 사정이 다르다. 취업 시장이 아니라도, 여성에게 "애인이 있느냐?"는 지극히 성별화된 질문이다. 없다고 답할 때 예상되는 말이 있다. "선머슴 같은 애를 누가", "그러게 좀 꾸미고 다녀", "여자 행복은 좋은 남자 만나서⋯⋯" 어떤 '여성'이 되라는 것인지 빤하다.

하지만 여기는 회사다. 회사는 직원의 행복이 '좋은 남자

를 만나' 이뤄지길 바라지 않는다. 육아를 하는 여성을 회사
는 달가워하지 않는다. 그런 까닭에 면접관은 여성 면접자를
붙잡고 남자친구 유무를 열심히 묻는다. 오죽하면 '결/남/출'
이라는 신조어까지 생겼을까. 결혼, 남자친구, 출산 계획. 면
접 단골 질문이다.

비혼과 비출산 결의를 밝힌다고 스코어가 올라가는 것도
아니다. 결혼할 거라 말하면 가정과 일을 어떻게 병행할 거냐
고 하고, 출산 계획이 없다고 하면 이기적이라고 한다. 어떤
대답을 해도 점수는 마이너스다.

왜 그러고 다닙니까?

"애인 있습니까?" 단 여섯 글자로 이뤄진 질문이 이토록
힘을 갖는다. 질문 하나 받았을 뿐인데 누군가(남성)는 한 가
정의 부양-책임자로서 책무를 되새긴다. 누군가(여성)는 출산
과 육아라는 자신의 역할을 떠올린다. '본래'의 자리를 두고
'잠시' 일터로 나온 것임을 깨닫는다. 길게는 20년을 꼬박 책
상머리에서 스펙 쌓아 면접장에 왔더니, 너의 자리는 본디 가
정이라는 말을 듣는다. 그제야 교과서 어디쯤에선가 본 듯한
'성별 분업'이라는 단어가 얼마나 강력한지를 알게 된다.

'그녀'가 지난 20여 년의 삶을 되짚고 있을 때 누군가는 동성에게 향하는 성적지향을 감춘다. 동성결혼이 법제화되지 않은 나라에서 "결혼은 언제 할 겁니까?"라는 면접자의 물음은 별로 유쾌하지 않은 생애 기억을 더듬게 한다.

그래도 숨길 수 있다는 것은 나름 특권일지 모른다. 미리가 패싱을 할 수 있었던 건 이른바 '여성다운' 외모 때문이다. 레즈비언은 '남자가 되고 싶은 여자'라는 편견이 미리의 패싱을 돕는다. 하얀 피부와 오목조목한 이목구비를 지닌 미리가 '정상(?)' 여자가 아닐 거라는 상상을 하지 못한다. 반면 다름을 감출 수 없는 이는 불려나가 한 소리 듣는다. "왜 그러고 다닙니까?" 실제로 듣는 말이다.

"면접 가면 사람들이 남자인 줄 알아요. 그런데 이력서 보면 여자잖아요. 그러면 질문이 시작돼요. '본인 맞습니까?' …… '왜 그렇게 하고 다닙니까?'라는 거예요. 면접 보면서 제일 먼저 하는 말이."[10]

그렇게 하고 다니면 안 되는 거라고, 사회는 일터로 들어가는 문턱을 높여 알려준다. 이쯤 되면 면접관들의 사생활 침해 질문이 다시 들린다. "애인 있습니까?" 왜 그딴 것이 궁금한가 했다.

미리로 하여금 "여자랑 사귀어요"라고 말하지 못하게 하는 질문. 면접관 본인도 자각하지 못했겠지만, 그것은 '이성

10   성전환자 인권실태조사 기획단,
      《성전환자 인권 실태조사 보고서》,
      2006년 9월.

애 규범'에 따르겠냐는 서약의 관문이다.

당신, 정상입니까?

이성애 규범은 남자와 여자가 맺어지는 일을 '정상'이라고
한다. "이성을 좋아하니?" 묻고 끝이 아니다. 이성애 규범을
따르는 데는 상대에게 '이성'으로 보일 성 역할(옷차림, 외모, 품
성, 행동 등)을 수행한다는 옵션이 붙는다. 이는 누가 어떤 노동
을 도맡을 것인가와 맞닿은 문제다. 결혼으로 '가정을 이룬'
여자와 남자가 각각 어떤 노동을 할 것인가. 여자가 다정하고
꼼꼼하며 모성애가 있어 타인을 돌보는 데 적합한 존재라면,
육아와 살림은 여자 일이 된다. 육아와 살림이 여자 일이라면
여자는 다정하고 모성애가 있는 존재여야 한다. 그 역할을 나
누고 정하는 것이 이성애 규범이다.

연애는 두 사람끼리 알콩달콩 살아가는 일일 수 없다. 결/
남/출 질문의 종착지에 재생산(출산, 양육)이 있기 때문이다.
"'아이를 몇 낳아야 하는가'에서부터 '누가 아이를 가져야 하
는가' 또는 '아이를 갖지 않는 애정의 형태나 관계를 어떻게
볼 것인가?', '어떤 아이를 어떻게 가져야 하는가?'" 같은 질문
은 창조적인 답안을 허용하지 않는다.[11]

11   이유림, 〈생명정치를 통해 본 성과 재생산〉,
      IL과젠더포럼×성과재생산포럼,
      2016년 6월.

답안지를 작성해야 하는 여성들은 면접 자리에서 "애인이 있든 없든 결혼은 안 할 겁니다"라고 말할 수 없다. 정답이 아니라고 배워왔기 때문이다. 정답은 이 사회의 정상성, 성적 규범, 남녀의 역할, 결혼과 가정의 형태 등과 깊이 연관된다.

하나 낳아 잘 기르자고 외쳤던 국가는 돌연 태도를 바꿔 저출산을 운운한다(아이를 몇 명이나 낳아야 하는가?). 낙태죄를 포기하지 않는[12] 동시에 장애 태아의 임신중절은 허락하는 등 재생산권을 선택적으로 부여한다(누가, 어떤 아이를 가져야 하는가?). 아이를 갖지 않는 애정의 형태나 관계를 어떻게 볼 것인가는 단지 혼인 여부의 문제가 아니다. 동성애나 다른 특정 성애[13]를 '비정상'으로 추방하는 기준이 된다.

성소수자는 이 물음들 앞에서 자신이 '정답'이 아님을 다시 한 번 깨닫는다. 정답은 기존 사회의 행동 양식, 즉 규범을 가리키는데, 규범^{norm}을 따르는 행위는 정상^{normal}이라는 타이틀을 거머쥔다.[14]

'애인 있습니까?'는 무개념-갑질 질문이 아니었다. 오히려 개념이 명확하고 목적도 분명했다. '세상이 네모인데, 당신도 네모입니까?'라는 질문. 그러니까 사회 규범을 재확인하

---

12 2019년 4월 11일, 헌법재판소는 형법 '낙태죄' 조항(제269조 1항, 270조 1항)이 헌법에 합치하지 않는다는 결정을 했다. 이에 따라 2020년 12월 31일까지 법을 개정해야 한다. 지난 1953년 낙태죄가 제정된 이후 66년만의 일이다.

13 사도마조히즘, 트랜스섹슈얼리티, 복장전환, 관음 등 사회 통념상 규범적이고 '정상'적인 섹슈얼리티라고 여겨지지 않는 성애를 뜻한다. 이성애 규범 사회에서 동성애는 '일탈'적 성애로 치부된다.

14 "우리가 흔히 정상이다라고 말할 때 '노멀하다'는 표현을 쓴다. 노멀하다는 것은 규범norm을 잘 따른다는 뜻이다. …… 정상성으로 규정된 규범에 저항하지 않고 순응하면 우리는, 그것을 정상적 혹은 노멀이라 부른다. 정상성 속에 숨은 제도 규범의 기준 설정 작용을 감추기 위해서다." 조현준, 《주디스 버틀러, 젠더 트러블》, 커뮤니케이션북스, 2016.

는 고도로 훈련된 검열. '당신, 정상입니까?'

정상 사양을 갖추라

노동시장으로 보내지기 전 20여 년간 우리는 가정과 학교, 병원 등을 거치며 훈련받는다. 그 정도 투자했으면 불량품이 없어야 한다. 푸코는 이를 길들여진 몸이라고 했다.[15] 만약 길들여지지 않는다면? 자본의 잔혹함을 떠올려보자. 공장식 축산에서 '불량품' 수평아리들이 어떻게 되는지를 떠올리면 이해하기 쉽다.[16]

우리는 '정상'이어야 한다. 아니 당연히 정상이라 여긴다. 스스로를 불량이 아닌 '정상'(장애인, 질환자, 변태가 아닌 정상인)이라 부르지만 의외로 '정상 되기'란 쉬운 일이 아니다. 소위 말하는 '정상 체중'조차 숱한 다이어트와 살찌우기의 결과다. 자신의 몸과 사고·행동 방식을 특정한 기준(범주)에 맞춰야 한다. 그렇기에 '정상'을 추구하거나 자신이 '정상'임을 믿는다는 건 사회의 '권장 기준'에 스스로를 맞출 수 있는지 계속해서 묻고 답하는 일이다.

'정상'이 되어야 경쟁력도 갖출 수 있다. 기업과 언론은 차별성을 키워 선택받으라고 하지만, 허무한 말일 뿐이다. 스펙

---

15 미셸 푸코, 《감시와 처벌》, 오생근 옮김, 나남출판, 2016.

16 수평아리로 감별되면 곧장 분쇄기로 들어간다. 달걀을 낳지 못하는 경제성 없는 몸은 폐기된다. 암평아리는 반대편 컨베이어 벨트를 타고 가 예방 접종을 마친 뒤 부리 끝을 절단당한다. 좁은 닭장 안에서 스트레스로 인해 제 몸을 쪼아 상처 내지 않도록 하기 위해서다.

이 제품 사양을 뜻하는 'specification'의 준말이라는 것은 새롭지 않은 이야기. 제품 사양에는 표본 모델이 있다. 헬스장에 '몸 좋은' 모델 사진이 붙어 있는 것처럼 말이다. 아무 제품이나 만들어서는 안 되고, 아무 근육이나 키워서는 안 된다. 정해진 스펙을 채워 심사를 통과해야 진열대에 오를 자격을 얻는다. 판매 진열대에 올라야 차별성이건 개성이건 뭐라도 보여줄 수 있다.

남들 다 갖춘 스펙이 없으면 '어디 모자란 사람'이 된다. 취업이나 결혼을 하지 않은 자녀에게 부모가 하는 말이 있다. "네가 어디가 모자라서." 기준치에서 모자라지 않은 '정상' 인간이 되기 위해 표준 모델을 확인해야 한다.

취업 시장에도 '나'라는 상품이 모방해야 할 인물상이 있다. 학창 시절 우리는 그를 '타의 모범'이라 불렀다. 농담처럼 '엄친아'라 부르기도 했다. '엄친아'는 정상성 규범을 가장 잘 수행하는 대표 인물로, 우선 '아들'이다. 남성이라는 성별부터 1등 시민의 자리를 차지한다. 게이 '엄친아'는 떠올릴 수 없다. 장애인·질환자·이주민 '엄친아', 심지어 비정규직 '엄친아'도 없다.

타의 모범이 되기 위해 '노오력'하라

암묵적 비밀이지만 '엄친아'는 우리 주변에 없는 인물이다. 그러나 이력서를 앞에 두고 그를 소환한다. '자소설'(자기소개서+소설) 주인공이 만들어지는 순간이다. '타의 모범'으로 살아왔는가를 검증하는 자기소개서 앞에서 사람들은 모방해야 할 존재를 떠올린다. 성소수자들이 이력서를 쓰면서 "자신이 모범적인 이성애자 여성/남성으로서 평생을 살아왔음을 증명"[17]하는 곤혹을 치러야 하는 것처럼, 비성소수자도 증명의 의무를 피해갈 수 없다.

기업의 거름망을 염두에 두며 한 자 한 자 써내려가야 한다. 서류 전형에서 걸러지고 싶지 않다면 말이다. 불합격 통보는 점잖게 오지만("우리 기업이 추구하는 인재상과 맞지 않다") 속뜻은 잔인하다. "너 같은 애가 널리고 널려서 굳이 널 뽑을 필요가 없다."[18] 취업이란 '너 같은 애'가 아니라는 걸 증명하는 일이다. 기업의 욕망에 맞춰 자신을 조작하는, '너 같지 않은 인물'이 되어야 한다. 그 인물을 연기한다.

중견기업 이상을 바라는 취업자들에게만 해당하는 이야기 같은가. 아르바이트 자리 하나 구하는데도 '군필자'의 면모를 드러내야 한다. 사장님들이 '책임감 있다'고 인정할 만한 사람을 연기한다. 연기를 하는 이는 나 자신일지 몰라도,

---

17 파니, 〈이성애 공화국 취업백서〉, 《춤추는 입술》 3호, 연세대학교 총여학생회, 2009년 8월.

18 인터넷에 떠도는 '불합격 통보의 속뜻'이라는 제목의 유머에서 가져왔다.

무대 위 기획과 연출은 기업의 몫이다. "애인 있어요?"라는 면접관의 질문[19]에 누구나 적합한 대사를 떠올리며 말을 아끼듯, 대사 하나 자의적으로 할 수 없다. 성소수자이든 아니든 우리는 "당신 네모인가?"를 묻는 무대에서 연출되는 인생이다.

앞서 성소수자들의 패싱을 '지나치는 일'이라고 했다. 모두가 모방을 하며 살아가는 세상에서 나 홀로 고유의 존재로 머물 순 없다. 사는 일이란, 사람들이 나를 다르다고 느껴 뒤돌아보지 않고 지나가도록 하는 일의 연속이다. 우리는 다르지 않기 위해 연기하고 '노오력'하고 경쟁한다. 패싱은 '저들'만의 일이 아니다.

---

19 SOGI법정책연구회가 발간한 〈성소수자 친화적인 직장을 만들기 위한 다양성 가이드라인〉(2018)에서는 다양성이 존중되는 직장을 만들기 위한 방안으로, 채용 과정에서 이력서에 성별, 혼인 여부, 병역 사항 등 직무와 무관한 정보는 묻지 않기 등 면접관을 대상으로 한 성소수자 인권 교육을 제안하고 있다. 웹사이트 http://diverseguide.org에서 다운받을 수 있다.

성소수자를 향한 조롱과 차별, 폭력

〈한국 LGBTI [20] 커뮤니티 사회적 욕구조사〉(2014년, 3,159명 대상, 한국게이인권운동단체 친구사이)에 따르면, 직장 내에서 LGBTI에 대한 조롱이나 차별, 폭력이 발생하는지 묻는 질문에 (종종, 자주) 일어난다고 응답한 양성애/동성애 성소수자가 67.7%였다. 트랜스젠더 응답자는 71.5%가 그렇다고 답했다. 일상 전반에서 LGBTI를 향한 조롱이나 비하 발언이 일어나는지 묻는 질문에는 양성애자/동성애자 81.5%, 트랜스젠더 79.2%로, 10명당 8명. 역시나 높은 수치로 그렇다고 응답했다.

레즈비언은 LGBTI에 대한 차별과 폭력을 특히 심각하게 인식하고 있는 집단이다. 설문에 응한 레즈비언 중 95.4%가 한국 사회는 LGBTI가 살아가기 좋은 곳이 아니라고 답했다. 직장에서 차별과 폭력이 일어난다고 답한 이가 70.1%, 실제 성적인 폭력(스토커, 성희롱, 성폭력 등)을 당하는 일 또한 자주 일어난다고 답한 이가 64.3%, 자신이 폭력을 당했다고 응답한 이도 43%였다.

예상 가능하듯, 정체성을 밝힌 후 차별과 폭력 경험은 증가한다. 정체성을 공개한 양성애자/동성애자 73.7%가 폭력을 당했다고 응답했다. 패싱으로 정체성을 감춘 이들의 수치(16.2%)의 5배에 가까웠다.

---

[20] 성소수자를 지칭하는 약어. 레즈비언lesbian, 게이gay, 바이섹슈얼bisexual, 트랜스젠더transgender, 인터섹스intersex의 머리글자를 땄다. 더 다양한 정체성들을 포함하기 위해 LGBT+, LGBTQ+ 등으로 표기하기도 한다.

패싱: 거짓 혹은 진실

"먹고살려고 하는 거죠."

패싱에 대해 묻자, 우연이 한 말이다. 인터뷰 내내 보여준 예의 바름이 무색하게끔 냉소적인 어투다. 그만큼 지쳤다고 해야 할까. 패싱하는 데 에너지가 너무 많이 든다고 했다. 그저 사람으로, 교사로 살고 싶은데 패싱해야 하는 정체성이 족쇄처럼 따라온다.

기독교 집안에서 자랐다. 그 자신도 모태 신앙이다. 반듯하게 사는 삶을 배워왔지만, 자신이 갈 수 없는 길이었다. "겉으로 보이기에는 그럴싸해도 나는 너무 괴로운데. 죽을 것 같은데." 괴로워서 깨달아버렸다. 나는 다르구나. 그는 동성애자(게이)였다. 이제 다름을 인정하고 자기 자신으로 살고 있다. 동시에 '다르지 않음'도 연기하는 중이다.

"내가 여기 있다. 당신이 좋아하던 내가 이런 모습이다 드러내고 싶어요. 내가 사랑하는 사람들에게 나를 속이고 싶지 않아요."

우연이 하는 호소를 다소 건조하게 표현하자면, '거짓말 스트레스'라고도 말할 수 있다. '거짓말 스트레스'란 자신의 정체성을 노출하지 않기 위해 반복적으로 거짓말하거나 침묵함으로써 생기는 긴장과 부담을 뜻한다.

이렇게 설명하면 화병 정도인 것 같지만, 거짓말을 제대로 하지 못하거나 거짓말로도 숨기지 못할 때 결과는 참혹하다.

"제 인생이 '트루먼쇼'[1]라고 생각했어요. 순간 의심스럽더라고요. 어떻게 짜 맞춰진 것처럼 삶이 고통의 연속이 될 수 있을까. 누가 조작한 게 아닐까 싶을 정도로. 아웃팅 당하고, 왕따 당하고. 어떤 형태로 사회에서 내가 억압받는지 계속해서 체감해야 하고. 이렇게까지 사람을 비참하게 만들 수 있을까."

마늘의 이야기다. 마늘은 남성이 아니지만 의사는 그에게 남자 성별을 지정해주었다. 호프집에 가도 '증' 검사를 하는 나라에서, 곱게 화장한 마늘의 주민등록증(뒷번호가 '1'로 시작한다)을 본 점원은 흠칫한다. 그럴 때 마늘은 말한다.

"트랜스젠더 처음 봐요?"

---

1   〈트루먼쇼The Truman Show〉(피터 위어,
1998). 주인공이 현실처럼 꾸며진
스튜디오에 살고 있고, 세상 사람들이
그 모습을 텔레비전 쇼로 지켜본다는
설정의 영화.

마늘의 정체성은 트랜스젠더라는 용어만으론 설명될 수 없다. 마늘은 자신을 특정한 성별(남자 아니면 여자)로 규정하지 않는다.[2] 그럼에도 트랜스젠더라고 말한다. 세상이 유일하게 알아듣는 언어이기 때문이다. 마늘은 세상이 알아듣는 만큼이라도 자신을 표현한다.

"첫 번째 콜센터에서는 커밍아웃 안 했어요. 잠깐 일할 거라 생각해서. 애정도 별로 없었고. 사직서를 쓰러 갈 때 (여성복장으로) '풀 장착'을 하고 갔더니 '이게 뭐냐?' 해서 오늘 (패션) 촬영이 있다고 그랬고. 그다음 직장에서는 풀 장착을 했거든요. 커밍아웃 한 거죠."

'촬영 있다'는 변명은 성정체성[3]을 숨기기 위한 것만은 아니다. 숨겨야 하는 이유가 큰 만큼 자신을 드러내고자 하는 욕망도 크다. 존재를 고스란히 인정받고자 하는 욕구는 누구에게나 강렬하다.

긴 머리를 고수하기 위해 모발 기부용이라는 거짓말이 필요했다. '여성 복장'을 하지 않는다면 동료들에게 촬영을 한다는 핑계를 대지 않아도 됐을 것이다. 이런 일들은 패싱의 다른 면모를 드러낸다. 남과 다른 자신을 숨기기 위해 수행한다는 패싱은, 그러나 남들과 다른 자신의 모습을 유지하고 더나아가 사람들을 적응시키기 위해 사용되기도 하는 셈이다.[4]

또 다른 인터뷰이인 규원도 마찬가지다. 커트 머리와 민

2   자신을 '논바이너리-젠더퀴어'로
    정의하는 마늘은 남자 또는 여자 중 하나를
    선택해야 하는 성별 이분법에 맞춰 자신의
    성을 정하지 않는다. '논바이너리non-
    binary'의 사전적 의미는 남성과
    여성이라는 이분법적인 성별에 포함되지
    않는 사람들 또는 그런 정체성이다.

3   성별정체성이라고도 한다. 자신의
    젠더에 대한 자각, 자아의식을
    뜻한다.

낯, '여성스럽지' 않은 옷차림 때문에 사람들이 '쟤는 뭔가 다르다' 하고 눈치채지 않을까 생각하면서도 그런 외양을 고수한다. 규원의 성적지향은 바이섹슈얼이고, 자신을 여성과 남성이라는 성별 둘 중 하나로 굳이 정의 내릴 생각이 없다("나에게는 성별이 무엇인지 중요한 것 같지 않아요"). 규원은 '여자처럼 꾸미지 않는' 본연의 모습을 고수하지만 동시에 남자친구 있냐는 질문은 피해 간다. 이럴 때 패싱은 단지 숨기는 일에만 필요한 것이 아니라 자신의 모습 그대로를 유지하기 위한 일종의 방패 역할을 한다.

나를 '나'로 드러내고자 하는 욕구는 현실로 인해 그 정도가 조율된다. 드러내지만 말하진 않는다. 온전히 드러냈다가는 폭력이나 해고가 따를 수 있다. 이력서에 성별정체성을 적은 이후 어떤 구인 연락도 받지 못했다는 트랜스젠더 나이스처럼 말이다. 대가를 무엇으로 치르게 될지는 알 수 없다.

이들은 드러내지만 드러나지 않는다. 나를 표현하는 동시에 나 자신을 그대로 인정하지 못하는 세상을 앞에 두고 거짓을 말한다. 숨길 수밖에 없는 현실에서도 스스로를 인정하고 인정받고자 하는 그 욕구 때문에 성소수자들은 드러냄과 숨김 사이에서 줄타기 중이다.

줄 위를 걷는 일은 위태롭게 보인다. 동시에 한 발 내딛을

---

4   앞서 언급한 어빙 고프만은 《자아연출의 사회학》에서 자신을 연출하는 행위는 "자기를 대하는 다른 이들의 반응을 통제하는 데"에 관심을 둔다고 했다. 패싱이라는 연출 또한 마찬가지다.

때마다 균형점을 찾아가는 이들에게서 행위자 또는 협상자라고 부르는 주체로서의 모습을 엿본다. 성소수자 인권활동가 한채윤은 저서에서 커밍아웃을 논하다 되물었다.

"어찌하여 솔직하게 사는 것보다 자신을 속이며 사는 것이 더 현명한 태도인 양 권장하는 것인지."[5]

거짓을 말하는 성소수자는 솔직하게 살아간다. 이들은 줄을 타는 매순간 세상을 속이되 자신은 속이지 않는다.

5   한채윤, 〈소수자는 피해자인가〉,
    권김현영 엮음,《피해와 가해의
    페미니즘》, 교양인, 2018.

직장에서 어떤 차별을
겪고 있나요? ①

거짓말 스트레스

자신의 정체성을 노출하지 않기 위해 반복적으로 거짓말하거나 침묵함으로써 생기는 긴장과 부담.

• **이혜(팬섹슈얼 [1])**: 나의 어떤 부분을 영영 숨겨야 한다. 그건 생각보다 사람을 긴장 상태로 몰아넣는다.

• **규원(바이섹슈얼)**: 스스로에게 나는 지금 거짓말하는 게 아니라, 다른 방식으로 대답하는 거라고 말한다. "남자친구 있어요?"라고 하면, "전 지금 별로 생각이 없어요." 이렇게 다른 말로.

---

[1]   pansexual. 범성애. 성을 구분하지
      않거나 성과 관계없이 사랑하는 성향
      혹은 그런 성향을 가진 사람.

- **정현(트랜스남성)**: 좀 위축된다고 해야 하나? 들키면 안 된다는 생각에 조심해야 하니까.

- **채연(에이섹슈얼)**: 회사 사람들은 남녀를 짝지어주지 못해 안달이다. 심심해서 그러는 것 같은데, 나는 말도 못하고. 사람들 말에 대충 응해주면서도 항상 생각한다. 나는 지 사람들과 다르구나.

- **조나단(레즈비언)**: 회사에서 나는 보이시한 애 정도로 알려져 있다. 꼭 패싱을 한다기보다, 그냥 나대로 살아가고 있다. 왜 결혼을 안 하냐는 말을 들으면 내 성적지향만 쏙 빼놓고 이야기한다. 결혼은 부조리한 사회 제도이고 어쩌구, 그런 식으로.

- **성연(퀘스처너리)**: 남자 연예인 이야기가 나왔을 때 괜히 그 남자 배우 괜찮더라, 일부러 더 강하게 이야기하고 있는 나를 발견할 때가 있다. 연애를 안 하니까 레즈비언으로 의심당할 수 있다는 생각 때문에.

- **문식(논바이너리 퀘스처너리)**: 연기한다고는 하지만, 그 연기가 때로는 안 먹힌다. 그러니까 나는 어느 순간부터 연기하길 포기하게 된 케이스다. 쟤는 좀 이상해, 쟤는 좀 특이하긴 해. 그래도 쟨 남자야. 이 정도로 평가받고 있는 것 같다.

2부

꾸밈

"여자도 아닌 남자도 아닌 내가 여기 있나니.
우리 하나로 합쳐졌네.
인간의 얼굴로."[1]

1   〈올란도〉(샐리 포터, 1994).

©행동하는성소수자인권연대 '오소리'

키워드 2. 꾸밈노동

아홉 스펙과 페이스펙

'마흔 살이 넘으면 자기 얼굴에 책임을 져야 한다'는 말이 있다. 요즘은 그 연령대가 더 낮아졌다. 면접장에 들어서면 깨닫게 된다. "치아 교정도 안 하고 뭐 했습니까?" 면접관의 질타. 당장이라도 평가서에 '자기관리 부족'이라 쓸 기세다. "살 빼고 다시 면접 볼 생각 없습니까?" 이 말은 면접자에게 러닝머신 위에서의 끈기와 절제라는 덕목을 묻는 용도로 쓰인다.

성형과 다이어트가 필수 9종 스펙[2]에 입성한 것은 최근 일이 아니다. 페이스(얼굴)와 스펙의 합성어, '페이스펙'이라는

---

2 학벌, 학점, 토익, 어학연수, 자격증,
   공모전, 인턴 경험, 사회봉사,
   성형수술(다이어트).

신조어도 있다. 얼굴 스펙이 없다면? 다른 스펙이 부재할 때와 비슷한 일이 벌어진다. 탈락이다.[3]

　20~30대 성소수자, 이들도 취업을 원한다. 그래서 벽돌 올리듯 스펙을 쌓는다. 뭐 대단한 욕심이 있어서도 아니다. 다들 그렇듯 그나마 좀 나은 직장에 들어가길 꿈꿀 뿐이다. 학점을 관리하고 토익을 보고 공모전 준비도 한다. 그렇게 스펙을 채워 세상에 나온다. 그때부터다. 쓸모를 가리는 감별사의 시선으로 자신을 보는 일에 익숙해져야 하는 것은. 남과 여를 반으로 딱 갈라 각기 적합한 외모와 꾸밈이 있다고 말하는 사회에 이들이 들어설 자리는 좁기만 하다. 자신의 외양이 스펙이 될 수 없음을 알게 된다.

　누군가는 지금 하리수 같은 이미지의 트랜스젠더를 떠올릴지도 모른다. 그러나 남자와 여자의 꾸밈이 분명한 세상에서 괴로운 이는 특정한 성향의 성소수자만이 아니다. 꾸미지 않는 여자, 왜소한 남자, 선머슴 같은 여자, 깔끔한 남자도 괴롭다. 그리고 패싱으로 몸을 숨겨 당신 옆에 선, 당신은 절대 모를 그 사람도.

3　구인구직 포털 '사람인'이 2018년 7월 구직자 420명을 대상으로 한 설문조사 결과, 취업 준비자 5명 중 2명은 "외모 때문에 취업에 피해를 본 적이 있다"고 생각하는 것으로 나타났다. 또 거의 대부분인 95.5%의 응답자가 "외모가 당락에 영향을 미친다"고 봤다. 역시 '사람인'이 진행한 기업 인사 담당자 880명을 대상으로 한 설문(2015. 8)에서 '채용 시 지원자의 외모 평가 여부'를 묻는 질문에 63.8%가 '평가한다'고 답했다.

왜 치마를 안 입니?

사무 보조 일을 하는 정현은 면접관이 평가란에 '자기관리 부족'이라고 쓰고 싶어 근질근질할 상이다. 커트 머리에 화장기 없는 얼굴, 사회적 기준으로 '날씬'을 벗어난 몸매를 지녔다. 화사하게 웃지도 상냥하게 말하지도 않는다. 치마도 안 입는다. 그래도 취업이 가능했다. 관리 부족이라 휘갈길 면접관이 없었다. 정규 사원이 아닌 까닭이다. 파견 직원.[4] 맘에 들든 안 들든 '우리 회사' 직원은 아니라는 것. 기껏해야 1~2년 볼 사람이다. 그래도 일터에 들어온 이상 외모 지적을 받지 않는 건 불가능하다.

"왜 머리 안 기르니?", "왜 치마 안 입니?". 정현이 입사 초반 들었던 질문이다. 여자가 화장도 하고 그래야 남자들이 좋아한다는 말이 딸려온다. '연애도 하고 결혼도 해야지'라는 충고. 정현이 유독 오지랖 넓은 회사만 골라 입사한 것은 아닐 테다. 한 설문조사에서 최근 한 달 동안 외모를 비하하거나 평가하는 발언을 들은 적 있다는 이가 10명 중 6명꼴이라는 결과가 나왔다.[5] 놀랍지 않다. 민낯으로 출근했다가는 하루 만에 한 달 치 잔소리를 들을 게 빤하다.

정현이 체대 입시생이었다는 사실을 밝히고 나면 잔소리는 다소 줄어든다. 운동하는 여자는 '보편'이라 부르는 여성

---

4 파견 사무직원이라는 정현의 직업이 낯설다면, 2018년 방영된 TvN 드라마 〈나의 아저씨〉에서 아이유가 맡은 '이지안' 역을 떠올리면 된다. 정규직과 계약직, 인턴으로 구성된 사무실에서 이지안은 섬처럼 존재한다. 고용된 회사 자체가 다르다. 사무 보조 업무를 위해 인력업체에서 파견된 직원이다.

5 《경향신문》이 2018년 9월 19일 직장인 426명(남 65명, 여 361명)을 대상으로 진행.

57

과는 다르게 취급된다. 여성에게 주어질 수 없다고 믿는 체력과 운동신경을 가진 '체육 소녀'는 전형적인 여성에서 벗어나도 된다고 허락받는다. 논쟁의 중심에 선 '정수기 물통'마저 정현이 들면 개의치 않는다.

그러나 사람들은 모른다. '보이시한' 정현은 '꾸밀 줄 모르는' 여자가 아니다. 정현은 남성이다. 이해를 돕기 위해 덧붙이자면, 트랜스남성이다. 비록 트랜지션^{transition}6하기 전이지만 성별이 바뀔 때까지 집에만 있을 수는 없다. 돈이 있어야 성별 정정도 가능하다. 아니 숨만 쉬는 데도 돈이 드는 사회다. 일을 해야 한다. 정현은 일터로 나왔고, 그곳에서의 자신을 이렇게 소개했다. "여직원으로 대해지고 있습니다."

그렇다고 해도 '여자처럼' 꾸미고 '여자처럼' 말하는 일은 정현 인생에 없다. 그러나 회사 사람들은 정현의 성별을 의심하지 않는다. 내 주변에 성소수자는 없다고 믿으니까. 회사에서 '여직원'인 정현은 회사 밖에서는 남자로 여겨진다. 셔츠에 면바지, 옷차림은 어디에서나 같다. 달라지는 것은 없다. 정현을 '여직원'으로 보고 싶어 하는 사람들이 사라졌을 뿐이다.[7]

---

6 자신의 성별정체성에 맞게 사회적 성별을 변화시키는 과정을 뜻한다. 수술 등을 통한 신체 및 외모 변화, 법적 성별 정정 등을 포함한다.

7 퀴어연구활동가 루인은 이런 시선에 대해 "비이성애자가 이성애자로 패싱되는 것은 비이성애자가 이성애자인 척하기 때문인가. 비이성애를 인식하지 않는/못하는 이성애 규범적-이성애 중심주의적 인식 체계 때문인가"라고 묻는다. 퀴어이론문화연구모임 WIG, 《젠더의 채널을 돌려라》, 사람생각, 2008.

정현

"트랜스남성, 에이섹슈얼, 에이로맨틱이다. 언론사에서 파견직으로 근무한다. 회사에선 '여직원'으로 대해지고 있다."

#지정성별_여성 #20대 #수도권_거주 #트랜스남성 #파견노동 #사무_보조직

혜민

"내가 바이섹슈얼이라고 생각한다. 얼마 전엔 레즈비언인가 생각하기도 했다. 시스젠더(지정성별) 여성인 것 같기는 하다. 어렸을 때부터 몸에 대한 낯섦과 어색함이 있었는데, 그게 내 몸이 사회에서 말하는 여성의 몸과 꼭 일치하지 않아서 그런 건지, 아니면 내 몸에 대해 스스로 받아들일 수 없는 지점이 있어서인지 모르겠다. 다른 용어가 생기면 나를 다르게 표현할 수 있지 않을까? 또 '어린 여성'이라는 정체성을 강하게 느낀다. '어린' 취약한 여성."

#지정성별_여성 #20대 #수도권_거주 #바이섹슈얼 #대학생 #카페_아르바이트

'천생 여자'의 꾸밈노동

'여직원'으로 용모를 꾸미고 살면 인생이 편해질까? 카페 알바를 하는 혜민은 겉으로 보기에 '천생 여자'다. 바이섹슈얼 정체성을 지녔지만 사람들은 긴 생머리에 화장을 곧잘 하고 해사하게 웃는 혜민이 남자와의 연애를 꿈꾸는 20대 '여자애'가 아닐 거라고는 상상도 못한다. 누구도 외모 지적을 피해갈 수 없기에 혜민 역시 "살을 빼면 남자들이 좋아하겠다"는 말을 동료에게서 듣고, "오늘 알바하는 애가 지난번 알바보다 예쁘다"는 소리를 고객에게 수시로 듣는다. 외모를 꾸민다고 해서 평가를 피해갈 수는 없다.

혜민을 비롯해 지정성별이 여성인 성소수자들은 인터뷰에서 거듭해 '외모' 이야기를 했다. 대부분 직장에서 받는 외모 품평에 대한 토로였다. 남녀 모두가 자기계발의 한 영역이라는 외모 관리에서 자유로울 수 없는 시대지만 '더' 꾸며야 하는 성별은 분명 있다. "여자는 고기처럼 부위별로 나뉘어 품평당한다"는 말이 한때 SNS상에서 많은 여성들의 공감을 얻기도 했다. 여성에게 요구되는 '적합한' 꾸밈은 계속된 노동을 동반한다. '꾸밈노동'이라는 명칭도 얻었다. 다만 꾸미되 치마가 너무 짧아서는 안 되고 화장은 진하면 안 된다. "여자가 그게 뭐니?" 같은 말을 들을 꾸밈이어서는 안 된다.

'여자가~'라는 인식은 일터에도 반영된다. '여자다운' 친절함, '여자다운' 섬세함, '여자다운' 유순함에 걸맞은 미소와 말씨, 태도와 선호. 이 모든 특성에 여자를 붙인다. '그런 여자'가 잘하는 여자 노동이라는 것이 만들어진다. 돌봄노동, 감정노동, 가사노동, 서비스노동…… 일의 특성에 따라 제아무리 나누고 분류해도 그것들은 결국 '여자(가 주로 하는) 노동'으로 묶인다.

혜민의 말에 따르면 카페 사장들은 여성을 선호한다. "책임자들이 꼼꼼함, 상냥함, 야무짐을 원하기 때문에, 남자보다는 여자가 그런 게 낫겠지 하는 생각으로 뽑는 거 같아요. 카페라 해도 주방일이잖아요." 커피를 내리든 빵을 굽든 부엌일은 여자 일이다.

일의 특성이 '여자'다. 의사의 흰 가운, 소방관의 보호구, 요식업 종사자의 머릿수건처럼 업무 특성이 겉으로 드러난다면, '여자 일'에서 가시화되는 건 '여자 용모'다. 사람들이 여성이라 상상하는 이미지가 노동자의 복장과 태도에 반영된다. 몇몇 직종에서 여성 직원의 손톱 길이와 립스틱 색마저 규정하는 이유다.[8] 외모와 더불어 친절한 미소(그에 어울리는 하얗고 가지런한 이), 다소곳한 태도(모아 잡은 두 손으로 드러나는), 공손한 말씨(이를 위한 응답 매뉴얼)까지. "여자가 그게 뭐니?"라는 소리 따위 들을 일 없는 여자가 만들어진다.

---

8 CJ CGV(주)는 영화관의 여성 아르바이트 노동자들에게 붉은 립스틱을 비롯한 색조 화장을 필수 항목으로 지정하고 그 기준을 충족하지 않을 경우 벌점 등을 부과해 문제가 된 바 있다. '그루밍grooming 노동'이라고 해서 백화점, 면세점, 공항 등에서 일하는 서비스 노동자에게 특히 엄격한 꾸밈 규정이 적용된다.

트랜스남성인 정현처럼 그런 '여자'에 들어맞지 않는 이들은 '튄다'. 외모 지적을 넘어 의심의 대상이 된다. 언젠가 정현이 남자 화장실을 사용한 것을 남성 동료에게 들켜 팀장과 면담을 한 일이 있다고 했다. 처음 들을 때는 이해하지 못했다. 고작 남자화장실 간 일로 면담이라니. 실수였다고 생각하는 것이 상식 아닌가. 속 편한 생각이었다. 정현은 쭉 의심당해 온 것이다. 그러니 누군가에겐 실수로 취급될 사건이 상사 면담으로 이어진다.[9] 의심의 근거는 "여자가 그게 뭐니?" 소리 듣는 외모였다.

'여자'라는 판매 전략

일터의 꾸밈은 '여자가~'를 넘어선다. '판매의 꽃'이라는 서비스직 업종일수록 그렇다. 2018년 고용노동부 국정감사에 대한항공 승무원이 참고인으로 나온 일이 있다. 기사를 통해 확인한 참고인 발언 내용은 이러하다. 승무원 유니폼이 몸매가 드러날 정도로 타이트하고 짧아 활동에 불편을 주는데다가, 복장의 특성으로 인해 성추행과 성희롱이 증가하고 있다는 것.

이런 위험이 있는데도 항공사가 저런 식의 복장 규정을 고

---

[9] 다행히도 팀장은 정체성의 다양성을
인정하는 사람이었다. 정현은 이 사건을
계기로 팀장에게 커밍아웃했다.

집하는 이유는 뭘까. 쉽게 짐작이 간다. 승무원의 불편한 복장이 사람들에게 어떤 상상을 이끌어내는지, 그 상상을 유지시키는 일이 항공사 수익에 어떻게 도움이 되는지 잘 알기 때문이다.

항공사는 승무원이 하는 수많은 업무 중 '고객 돌봄'만을 강조해 홍보한다. 승무원에게서 보살핌을 받는 고객으로 상상되는 집단은 이성애 남성이다. 그 남성을 잘 '돌볼' 인격을 '여성'으로 상정한다. 1990년대 아시아나 항공사의 광고 문구는 "그녀의 이름은 아시아나"였다. 승무원은 공적 업무 수행자가 아닌 여자가 되어야 한다. '여자 옷'이 필요하다. 심지어 '젊고' '고운' 섹슈얼리티 이미지를 함께 품는 옷이어야 한다. 가부장제 사회는 여성의 섹슈얼리티에 순종의 속성이 있다고 상상하기 때문이다.

1970년대 '여공'에게 강조된 덕목은 순종적인 성실함이다. 그 덕목에 걸맞은 '어린' '지방' 출신 여성들을 주로 고용했다. 당시 일렬로 선 검은 머리 여성들이 눈을 내리깐 채 작업하는 풍경을 흑백사진에서 흔히 볼 수 있는데, 사진은 성실함만 담고 있지 않다. 여공들은 외국인 투자자님 보시기에 좋은 "이국적 섹슈얼리티까지 갖춘 모습으로 선전"[10]됐다.

이런 판매 전략은 여전히 유효하다. 젊은 여성의 이미지는 하나의 '고객 서비스'로 취급된다. 바이섹슈얼 정체성을 숨긴

---

[10] "자본과 노동의 거래 관계에서 '성적 이미지'가 활용되었음을 지적하였다. 남성적 진취적, 공격적 이미지로 부각되는 자본과 여성적, 수동적, 호의적으로 상징화되는 노동 간 '성적 이미지화'를 통해 국가 간 자본의 흐름을 원활하게 하였다고 주장한다. 실제로 외자 유치를 위해, 제3세계 여성들은 손놀림이 능숙할 뿐만 아니라, 다소곳하며, 이국적인 섹슈얼리티를 지닌 모습으로 선전된다." 김현미·손승영, 〈성별화된 시공간적 노동 개념과 한국 여성노동의 유연화〉, 《한국여성학》, 한국여성학회 19(2), 2003.

채 학원 강사로 일하는 부영은 학원에서 위화감을 느끼곤 한다. 자신만 머리가 짧다. 화장을 하지 않는 사람이 교사와 학생을 통틀어 자신뿐이라 했다. "모두 같은 모습을 하고" 가르친다. 우연이 아니다. 그런 사람이 뽑힌다. "강사 뽑을 때 여자는 얼굴 엄청 많이 봐요. 애들한테 홍보할 때도 '여자 선생님 새로 오는데 예쁘다. 그러니까 공부하러 와라' 그러고."

부영의 학원에서 전임 강사는 관리자급으로 소수다. 대부분 대학생 신분의 파트타임 강사라 했다. 부영은 이런 고용 형태 덕에 원장이 드러내놓고 외모 관리를 요구할 수 있는 거라고 추측한다. 꾸밈 요구를 주되게 받는 부류가 있다. 여성, 낮은 연령, 불안정한 고용(비정규직)일수록 직장에서 외모 지적은 물론, 외모에 관한 공식적인 지시를 받게 된다. 앞서 혜민이 누구보다 잦은 외모 지적을 당한 이유는 뻔하다. 꾸미지 않아서가 아니다. 혜민의 꾸밈이 성별 규범과 동떨어져서도 아니다. 그건 그가 20대 여성 서비스직 아르바이트 노동자이기 때문이다.

낮은 지위의 노동자에게 더 많은 요구를 하는 일은, 기업(사장)에게도 고객에게도 익숙하다. 노동자의 성별화된 신체를 서비스 자원으로 활용하라는 요구도 흔하다. 성별은 지위에 늘 관여한다.

저렴한 비용의 고객 서비스

기업은 노동의 지위를 낮추기 위해 여러 가지 방법을 모색해왔다. 우리가 흔히 떠올리는 대로 저임금만이 노동자의 지위를 낮추는 것이 아니다. 통제가 필요하다. 규율을 강화하고, 수동성('까라면 까는')을 강조한다. 고객 대응 매뉴얼을 엄격히 준수할 것을 요구하고, 작업 중지 권한을 박탈하고, 단결권 행사(노조 결성)를 막는다. 이 모든 방편이 '먹히려면' 고용이 불안해야 한다. 일자리를 잃을지 모른다는 불안은 순응을 강화시킨다.

여기에 성별에 따른 노무관리 방식이 추가된다. 별다른 것은 아니다. 여자(성별)를 강조한다. '여자 말'을 하게 한다. (한때 논란이 된 114 안내 서비스 노동자들의 매뉴얼 멘트 "사랑합니다, 고객님"이 대표적이겠다.[11]) '여자 꾸밈'을 하게 한다. 여성다운 차림은 사회가 여성에게 기대하는 바를 고객과 직원 모두에게 각인시킨다. 여자 옷을 입은 노동자는 어디까지가 업무인지, 감정노동인지, 여성의 덕목인지 구분하지 못한 채 혼란에 빠져 노동을 한다. 그 혼란이 이윤을 만든다.

항공사는 기존 승무원 복장을 포기하지 못한다. 저렴하기 때문이다. 저가 항공사일수록 승무원이 제공하는 업무적 서비스뿐 아니라, "승무원의 외적 이미지, 그 자체를 활용"한다

---

11 KT는 별도의 비용을 들이지 않고 매뉴얼 하나("사랑합니다, 고객님" 멘트)를 추가했을 뿐이지만, 이 때문에 그전에도 부지기수였던 성희롱이 증가한다. "사랑합니다, 고객님"이라는 말을 통해 기업은 여성성을 강조하는 것은 물론 발화 대상의 위치를 상대적으로 높임으로써(조건 없이 사랑해야 하는 사람) 고객에게 서비스 만족을 이끌어내려 했음을 추측할 수 있다.

는 해외의 연구가 있다.[12] 한마디로, 자본력의 한계로 미진한 서비스를 '젊고 고운' '성애화된' 승무원의 외양으로 메우려 한다는 것. 국내에서는 자본의 크고 작음을 가리지 않고 항공사 대부분이 승무원의 외모에 집착한다. 기업이 비용을 아끼는 방식에 대해 사회적 제재나 한계가 없는 한국의 현실을 묘하게 반영한다.

이런 전략은 '젊은' 여성에게만 적용되는 것이 아니다. '호텔 객실 어텐던트'('룸메이드')의 앞치마 달린 유니폼도 청소를 하는 데 효율적이지 않다. 치마까지 입어야 한다. 업무 수행자가 아닌 '집안일'을 연상시키는 앞치마 두른 '여자'가 되어 일한다. 업무의 공적 성격을 지우고, 노동의 지위를 낮추어 고객 만족을 실천한다. 고객이 얻는 것은 상대적 우월감, 기업이 얻는 것은 추가 비용 없이 차별화된 서비스를 제공했다는 뿌듯함이겠다.[13]

부영

"바이섹슈얼. 전라남도 출신. (Q. 왜 전라남도 출신이 주요 정체성인가?) 서울에 와서 가장 많이 듣는 말이 어디 출신이냐는 질문이다."

---

12 "스피에스와 워링(Leslee Spiess·Peter Waring, 2005)은 저가 항공사일수록 (비용 대비) 자사 차별화 전략으로 승무원이 제공하는 서비스뿐만 아니라 승무원의 '외적 이미지, 그 자체'를 활용"하고 있음을 밝혔다. 승무원의 섹슈얼리티는 유니폼과 몇 가지 용모 규정을 통해 직접 전시하는 방식으로 활용된다. 심선희, 〈미적 노동aesthetic labor, 신체의 동원과 개발〉, 《한국여성학》 29(2), 한국여성학회, 2013. 8.

#지정성별_여성 #20대 #수도권_거주 #바이섹슈얼 #대학생
#아르바이트 #학원강사

규원

"지방에서 태어나 고등학교 때까지 자의식 없이 살다가, 대학에
와서 '자기'를 발견했다. 그걸 도와준 친구가 바이섹슈얼이었고,
그 친구를 사랑했던 것 같다. 연애 감정으로 말하자면, 지금까지
는 여자로 보이는 사람을 좋아하는 것 같다. 나에게는 나의 성별
이 무엇인지는 중요한 것 같지 않다. 바이섹슈얼이니 하는 용어
들도 별로 중요하지 않은 사람."

#지정성별_여성 #20대 #수도권_거주 #바이섹슈얼 #아르바이트_노동
#식당 #편의점

포기해야 할 직장이 너무 많다

기업이 원하는 꾸밈(용모 관리)은 '어여쁨'만으로 충족되지
않는다. 국가와 기업이 추구하는 이윤 생성 방식에 따라 저마
다 요구되는 꾸밈도 다르다. 어떤 꾸밈을 요구하든 기업은 이
윤 획득을 위해 통제받는 노동자를 필요로 하고, 그 통제를

---

13 전문 직종이라고 해서 '여자다운' 복장
규정에서 벗어날 순 없다. 모든 것을
'서비스화'해 판매하려는 상품 시장이
확대되면서, 노동자에게 용모의 꾸밈과
관리를 요구하는 업종도 늘어났다. 몇
해 전 한 의료 기관에서 의사를 비롯해
여성 의료인들의 외모 관리 매뉴얼을
만들어 논란이 되기도 했다. 〈의사든
승무원이든… 여성 외모 압박 지나친
일터〉, 《한국일보》, 2018. 6. 16.

한결 손쉽게 하는 요소에 성^性이 있다는 사실은 변하지 않는다. 아니, 성이 있기에 통제할 수 있다.

그런데 '성(별)'을 거부하는 사람들이 있다. 꾸밈노동에 반기를 드는 사람들. 도무지 그런 꾸밈을 할 수 없다. 성별 규범에 따른 꾸밈이란, 생각보다 훨씬 복잡한 수행이다. 치마 하나 걸치고 화장 한 번 해주고 끝이 아니다. 여자나운/남자다운 체격과 체형, 걸음걸이, 자세, 태도 등이 요구된다. 직장 문 앞에 서기 전에 이 모든 것이 준비되어야 한다.

누군가는 그 준비 과정을 거부한다. 대학을 갓 졸업한 규원은 프리터[14]로 산다. 아르바이트로 생활을 유지한다. 정규 일자리를 찾을 생각이 없다. 대부분의 직장은 규원이 '여성'으로 있길 바라기 때문이다.

"취업을 하지 않고 알바를 하는 건 일부러 선택한 건데, 취직 같은 걸 하려면 젠더 수행을 훨씬 많이 해야 하잖아요. 그런 걸 안 하려고 일부러 찾아서 하는 거거든요. 최대한 안 할 수 있는 곳. 돈만 벌 수 있는 곳."

바이섹슈얼인 규원은 자신이 여성인지 남성인지 중요하지 않다고 했다. 그러나 안타깝게도 태초에 아담과 이브가 있다는 세상에서 규원은 살아가야 한다. '여자' 모습을 하고 '여자'로 안 살겠다는 의지는 통하지 않는다. 학교 다닐 때는 '공부만 하는', '선머슴 같은'이라는 수식어 뒤에 숨어 버틸 수 있

---

14 자유를 뜻하는 'free'와 노동자를
   뜻하는 'arbeiter'를 합성한 신조어.
   직업을 가지지 않고 평생 또는 장기간
   아르바이트나 파트타임으로 생계를
   유지하는 사람들을 가리키는 말이다.

었다. 그러나 일터는 다르다.

취업은 주민등록번호와 사진이 동봉된 이력서를 제출하는 것으로 시작된다. 면접은 내가 여자(남자)임을 드러내는 과정이다. 면접 가이드만 찾아봐도 답이 나온다. 남자와 여자는 앉는 자세부터 달라야 한다. 남자 면접자는 어깨 넓이보다 좁게 다리를 벌리고 앉아 등을 펴고 어깨 각을 살려 듬직한 인상을 주고, 여자 면접자는 다리를 오므리고 앉아 두 손을 포갠 채 엷은 미소를 지어야 한다.

규원은 그런 과정을 거치고 싶지 않다. '여자여야' 뽑히고 '여자로' 일해야 하는 직장으로 가지 않는다. 취업을 하지 않고 생계를 아르바이트로 해결한다. 규원만이 아니다. 노동시장에서 성소수자가 받는 차별을 묻자, 어떤 이는 이렇게 말했다.

"포기해야 할 직장이 너무 많아요."

완화된 표현이다. 그이는 거의 모든 직업을 선택할 수 없었다. 성별에 따른 역할을 수행하지 않는다는 것은 직장을 갖지 않겠다는 말과 다를 바 없다.

유폐된 청춘의 종착역

아르바이트만 한다고 해도 문제는 생긴다. 아르바이트 일자리 대다수가 서비스업이다. 아르바이트 노동자를 고용할 만한 단기-저임금 서비스 직종 대부분은 '여자' 채용을 원한다. 화장 안 하고, 치마 유니폼을 입지 않고, '솔' 음으로 말하지 않는 사람은 뽑지 않는다. 그러니 규원이 할 수 있는 일이라고는 "편의점, 피시방, 식당 주방⋯⋯" 정도. 선택할 수 있는 일자리엔 공통점이 있다. 최저시급과 고단한 육체노동.

"일을 해보니까 일찍 병이 날 거 같아요. 확실히 육체적으로 어려운 걸 하니까 몸이 축나더라고요. 젠더 수행을 하기 싫은 사람은 할 수 있는 게 이런 것밖에 없고. 이런 걸 하면 일찍 죽는다는 사실을 증명하는 용도로 제가 사용된다면 그것도 의미가 있겠다. 이런 생각을 갖고 살고 있어요."

말끝에 웃음을 달긴 했다. 지나가는 말로 규원은 몸이 안 좋다고 했다. 20대 중반이다. 사회가 그토록 열광하는 '청춘'은 낮에는 습기 가득한 주방에서 지내고 밤에는 편의점을 지킨다. 다른 20대라고 해서 뭐 그리 양지에 있는 것은 아니지만(도서관, 학원, 고시촌에 유폐된다), 규원과 그들의 차이는 '이것이 언젠가 끝난다'는 기대 여부에 있다. 유폐된 '취준생'들이 안정적인 직장을 종착역으로 여기는 반면, 규원은 그 자리에 '죽음'을 설정한 듯하다. 성별 역할이 빤한 사회에서 '속는 셈 치고 믿어보는' 미래조차 규원에겐 없는 것이다.

일터는 무성의 공간이 아니다. 우리는 끊임없이 '성'으로 분류되고, 읽히며, 성 역할을 요구받는다. 성별화된 꾸밈과 역할이 이윤을 만드는 사회에서 '적합한' 수행을 하지 않는 몸은 쓸모를 입증받지 못한다. 쓸모를 판단하는 감별사의 손에 들려 라인 밖으로 사라질 운명이다.

　훈육되지 않은 노동자의 몸은 자본주의 세계관에 없다. 성소수자는 일터에 없는 사람이다.

성소수자 구직의 곤란함

〈성적지향 성별정체성에 따른 차별 실태조사〉(2014년, 국가인권위원회, 조사 대상 200명)에 따르면, 구직 경험이 있는 트랜스젠더 71명 중 61명(85.9%)이 정체성 때문에 구직 중 어려움을 느꼈다고 응답했다. 가장 어려움을 느낀 단계로, 트랜스남성은 '지원 서류 제출'(주민등록번호나 성별을 적는 과정에서 이미 탈락한다)을, 트랜스여성의 경우 '면접'을 꼽았다.

또한 트랜스남성 중 19.5%, 트랜스여성 중 10%가 채용을 거부당한 경험을 했다고 한다. 이 중 표현되는 성별과 법적 성별이 일치하는 경우에는 면접 시 거절당한 경험이 없었으나, 불일치할 경우 22%가 거부당했다. 5명 중 1명이 채용을 거절당한 셈이다.

키워드 3. 블라인드 면접

인정받지 못하는 단정함

'블라인드 면접'에 관해 들려준 이는 마늘이었다. 블라인드 면접이란, 면접관이 지원자의 이력 사항을 모르는 상태에서 치르는 면접 방식을 가리킨다. 학력과 나이 등에 따른 선입견을 없애고 직무 능력만을 평가하기 위해 도입되었다는데, 나로서는 뉴스에서나 들어보았을 뿐이다. 그런데 마늘은 자신이 본 면접이 '블라인드 면접'과 다를 바 없다고 했다. 마늘의 직장은 콜센터였다.

콜센터가 감정노동과 저임금의 상징이 아니라 공정한 평가의 모범이라고? 마늘의 말은 의아했다. 잠깐 다른 이야기를 하자면, 정작 '의아'한 것은 마늘의 외모일지 모른다. 첫 만남에서 마늘은 청치마에 면 티셔츠, 어깨까지 내려오는 머리를 하나로 묶은 모습이었다. 종종 화사하게 화장을 한다고 했다. 단정하고 깔끔했다. 주민등록번호가 '1'로 시작하는 마늘에게 세상은 다른 단정함을 요구하지만 말이다.

의사는 마늘을 남성이라 '감별'했지만[1] 마늘은 자신을 여자 혹은 남자로 구분 짓지 않는다. '여자니까', '남자답게'로 살지 않는다. 논바이너리-젠더퀴어(여성과 남성으로 나누는 성별 이분법에서 벗어난 성정체성)가 마늘을 설명하는 언어다.

마늘은 급작스러운 독립으로 인해 일자리가 필요했다(독립 이유는 성정체성에 따른 부모와의 불화로 추측된다). 정규 직장은 물론 카페, 음식점 서빙 같은 아르바이트도 가리지 않을 생각이었다. 그러나 사장도, 면접관도 주민등록 숫자 '1'에게 묻는다. "남자가 왜?" 그러고는 끝. 탈락이다.

'탈락'을 면해보겠다고 마늘은 미용실 의자에 앉았다. 고등학교를 졸업한 이후 꾸준히 길러온 머리다. 이 모습으론 면접을 통과할 가능성이 없다. 마늘은 망설였다. "머리를 오랫동안 길러서 제 외형이나 스타일이 정체성의 일부로 자리 잡았단 생각이 들었거든요." 그깟 머리가 아니다. 스스로의 정체성을 찾으려 했던 시간만큼 머리도 같이 길었다. 끝내 자르지 못했다. 헤어디자이너는 단발을 권했다.

---

1   보통은 '지정한다'고 말한다. 그래서 성소수자 영역에서는 의료 기관이 출생 직후 내린 성별 판단을 두고 '지정성별'이라는 용어를 사용한다.

"그게 손님에게 더 어울려요."

단발머리가 된 마늘은 콜센터를 찾았다. 자연스러운 일이
다. 얼굴을 드러내지 않고 목소리로만 사람을 대하는 직업.
용모 단정 같은 것은 고용조건에 들어가지 않을 직장이다. 면
접 때도 별다른 질문을 받지 않았다.

"면접장에서는 목소리 듣고 인사말 정도 시켜보는 거? 면
접 때는 머리는 길렀지만 별로 (여성처럼) 안 꾸미고 갔거든요.
왜 길렀냐고 물어보기에 모발 기증을 하려고 한다. 일단 뽑혀
야 하니까 착한 이미지를 구축하고. 교육 기간에는 화장한 채
로 갔죠."

마늘은 콜센터 노동자가 됐다. 너무 정해진 수순으로 움직
여 내 쪽에서 '왜'를 묻지 못했다. 그러자 마늘이 물어왔다.

"내가 왜 그런 선택을 했는지 묻지 않나요?"

마늘

"사범대생, 임용 준비를 해야 하는 입장. 양가 집안의 첫째 자녀
로, 받는 기대도 컸다. 성소수자 운동을 하는 인권활동가. 최근까
지는 스스로 트랜스젠더라 생각했고. 그전까지는 게이라고 생각
했던 것도 있고, 지금은 잘 모르겠다. 퀘스처너리? 그래서 젠더

퀴어 정도의 넓은 범주에서 나를 정체화한다. 내가 남자인지 여자인지 모르겠고. 여자와 남자가 뭔지도 모르겠고. 지금은 잘 모르겠다."

#지정성별_남성 #20대 #비수도권_거주 #젠더퀴어-퀘스처너리
#휴학생 #콜센터_계약직

지하 세계로 내려간 노동

누구도 마늘 같은 이들이 왜 그곳에서 일하는지 묻지 않는다. 세상은 마늘의 존재를 모르는 척한다. 일을 구해 먹고사는 존재라는 사실을 편리하게 망각한다. 표현되는 성별과 지정성별이 다른 이들이 수화기 뒤에서 하는 저임금 노동에 관심을 두지 않는다. 그러나 잔인한 세계에도 '공평'은 있다. 세상이 관심 밖인 것은 마늘만이 아니다. 이 세상은 콜센터 사무실에서 수화기를 붙잡고 있는 모든 이에게 공평하게 관심이 없다.

이들의 취업도 실직도 관심사가 아니다. 마늘은 콜센터 일을 두고 "말만 또박또박 하면 되는 일"이라 했다. 옳은 소리가 아니다. 매뉴얼에 따라 정확한 언어를 구사해 고객을 대응하는 일은 결코 쉽지 않다. 제품 정보도 꿰고 있어야 한다. 그럼에도 누구나 할 수 있다고 여겨지는 것은 진입 장벽이 낮기 때문이다. 콜센터 업체가 사람을 뽑는 방식이 그렇다. 말만 또박또박 하면 되니 저임금을 받고 일하라 한다. 그래서 콜센터에는 여자가 많다. 주로 육아로 경력이 단절된 여성들이다.

콜센터의 낮은 장벽을 넘는 것은 여자들만이 아니다. 마늘 같은 성소수자들도 온다("화장을 한 번 하고 가니까 알게 모르게 회사에 계셨던 레즈비언 분이 저에게 와서 말도 걸어주고"). 여자들과 성소수자들은 왜 이리 낮은 문턱만을 넘나들어야 할까. 그 답을 하기 앞서 마늘의 단정함에 대해 이야기해야 한다.

외모지상주의 사회라 하지만, 외모는 고움과 미움만으로 가치가 매겨지지 않는다. 얼마나 잘 관리하고 계발했는지가 가치의 기준이 된다. 관리된 외모는 그 자체로 경쟁력이 있을 뿐 아니라 다른 자원들 또한 제대로 관리하고 있다는 보증으로 여겨진다. 다이어트 성공이 절제, 성실, 끈기를 상징하는 반면, 살찐 몸의 동의어는 의지박약인 것처럼 말이다.

그런데 관리는 성별을 전제로 한다. 마늘의 단정함은 이 세계에 통하지 않는다. 화장을 지우고 치마를 입지 않아도, 긴 머리만으로 마늘은 충분히 '이상한' 사람이다. 세상은 그깟 머리카락조차 눈감아주지 않는다. "남자니?" 하고 묻기 전에 '성실함'을 먼저 의심한다. '남성적 단정함'에서 어긋난 것이다. 마늘 같은 이들은 '불성실한, 끈기 없는' 사람이라는 평가를 받게 된다. 이런 특성과 머리 길이가 어떤 연관이 있는지 논리적으로 설명되지 않지만, 사장님들은 직감적으로 판단한다. 몸과 정신이 '건강'한 노동자가 아니구나. 남성다움이라는 규범을 따르지 않는다면 남성이 가진 '1등 시민'(노동력) 이미지도 함께 상실한다. '적합하게' '관리된' 꾸밈을 할 수 없는 이들은 탈락을 거듭한다.

탈락을 거듭하는 여성들도 있다. 이들은 '여자처럼' 입고 말하고 행동하는데도 성별에 적합한 외모로 인정받지 못한다. 그들에게는 젊음이 없다. 여성이라는 이미지는 젊음을 전제로 한다. 여자가 꾸민다고 해서 '여자 꾸밈'이 될 수는 없다. 여성(꾸밈)이라는 범주는 좁다. 가부장제 사회는 그 범주를 좁히는 방식으로 작동해왔다. '여성'이라는 표준 상에 어긋난 이들은 쉽게 '여성'이란 이름을 빼앗긴다. 여성 장애인은 이 사회에서 여성일까. '아줌마'도 여자가 아니라는 사회다.

젊음의 상실[2]은 '여성'의 범주에서 벗어난 몸을 만든다. 꾸밈노동을 거부하는 규원이 자진해서 간 곳은 편의점, 식당 주방 등이다. '여자답게' 꾸미지 않는 규원이 일할 수 있는 곳이란, 더 이상 '여자로서' 꾸밈이 가능하지 않은 이들이 가는 곳이라는 소리이기도 하다.

---

2   이때 소비의 미덕이 등장해 '젊음'을 사들이라 한다. 화장품과 헬스장 회원권을 구매하면 '여자다운' 나이를 연장할 수 있다고 유혹한다. 안티-에이징Anti-Aging, '나이'마저 구매와 관리 영역에 들어서게 된 것이다. 이제 젊음은 소비력, 그러니까 계급을 가르는 척도가 된다.

그러니 서비스 업종이 여성들의 대규모 취업장이라고 하지만, 기혼 여성들에겐 여전히 좁은 문일 뿐이다. "누가 날 써주겠어." 중년의 기혼 여성들이 흔히 하는 자조에는 단절된 경력, 부족한 일자리, 육아로 인해 빠듯한 시간뿐 아니라, 사회적으로 용인받지 못하는 '외모'가 포함된다. (사회적 기준으로) 젊고 고운 외모가 '업무 수행 자질'이 된 지상地上의 서비스 직종을 선택할 수 없는 기혼 여성들은 다른 일자리를 찾는다. 지하 세계로 간다.

지하 세계 저 아래쪽에는 '이모님' 혹은 '고모님'이 있다. 십수 년이 흘러 이모님 호칭이 붙는 나이가 되면 그제야 세상은 외모 압력에서 이들을 놓아준다. 대신 다른 것을 내놓으라 한다. 여자가 아닌 '어머니'의 역할(이성애 대상이 될 수 없는 여자는 친족 관계로 강제 편입된다). 후덕함의 상징인 살집이 허용된 이에게는 돌봄노동이 적합하다고 한다. '모성을 가진 여자 누구나 할 수 있는 일'로 여겨지기에 더 낮은 임금이 주어진다. 마치 외모 규범의 중력이 작용하듯 고용 시장은 '그녀'들을 아래로 끌어당긴다.

미끄럼틀 아래에는 저임금 노동이 이들을 기다린다. 외모가 채용 기준이 아닌 동시에 단기-저임금-불안정을 갖춘 일자리. 고용의 지하 세계로 가는 중간 즈음에 콜센터가 있다. '아직은' '여성다운' '고운' 목소리를 지닌 나이대의 여성들이 그곳에 온다.

그곳에 규범 중력('남자는 남자답게')을 이기지 못하고 추락한 마늘이 문을 두드린다. 사회가 요구하는 외모 규범에서 이탈한 이들이 만나는 순간이다.

뜻밖의 공정함

중력이 끌어내린 이들이 만나는 장소, 콜센터 지하 세계. 그러나 마늘은 이곳이 지상보다 더 숨쉴 만하다고 했다. "외부에서 평가가 진행되기에 능력과 성과를 공정하게 인정받는 곳"이라는 것이 마늘의 생각이다. '외부 평가'란 고객이 하는 상담원 서비스 평가를 가리킨다. 고객은 마늘의 성별을 모른다. 마늘의 외모도 모른다.

"저는 전화 받을 때는 목소리가 한 톤 더 올라가거든요. 고객들도 다 여자인 줄 알고 아가씨라고 하고요."

수화기 너머의 고객은 오직 자신을 응대하는 방식에 대해서만 평가를 내놓는다. 돌이켜보면 서비스 노동자에 대한 실시간 고객평가가 도입될 때, 노동조합 등 노동계가 얼마나 반발했는가. 일하는 사람을 옥죄는 일상적 업무평가는 비난받을 만하다. 그러나 겉모습을 두고 색안경 낀 평가를 수시로

당해온 마늘 입장에서 수화기 너머 고객평가는 공정함의 상징 '블라인드 테스트'와 다를 바 없다.

물론 마늘이 느끼는 공정함은 직장 내 인권에서 기인한 것이 아니다. "말만 또박또박 하면 되는 직장"이라는 마늘의 표현은 콜센터 업체가 직원에게 '기대하는 수준'을 반영한 말이다. 그것은 100퍼센트를 넘어선다는 콜센터의 이직율과 관계있다.[3] 입사하는 사람보다 퇴사하는 사람이 더 많다. 이직율이 높은 곳은 뻔하다. 일은 힘든데 보상은 낮다. 이는 기업의 고객서비스 업무를 외주 용역을 받아 운용하는 콜센터 업체의 처지와 관계있다. 용역 입찰 경쟁이 가열될수록 콜센터는 '직원들의' 허리띠를 졸라맨다. 그 돈 받고 일할 수 있는 사람은 정해져 있다(대개 그런 사람은 여성이다). 저임금과 과도한 콜 건수를 견뎌낼 사람이라면 무조건 합격이다. 마늘이 취업할 수 있었던 이유다.

지상의 서비스업이 최소 비용으로 고객에게 만족감을 주는 방법을 '성별화된 꾸밈'에서 찾았다면, 콜센터 등 지하의 서비스 업계는 애초 '지상'에 머물 수 없는 저임금 노동력을 채용한다. 모로 가도 비용절감으로만 가면 된다.

기계에 칠해진 '색'은 중요하지 않다. 꼭 같은 색일 필요도 없다. 기계는 움직이는 것이 가장 큰 미덕이다. 마늘도 안다. (사회적 기준으로 볼 때 지정성별과 불일치하는) 자신의 목소리를

3   권현지 외, 〈저임금 서비스 노동시장의
     젠더 불평등〉, 《경제와 사회》 107,
     비판사회학회, 2015.

다른 동료들이 어떻게 받아들이는지 묻자, "남의 콜을 들을 만큼 여유롭지 않아요" 한다. 바쁠 때는 하루에 200콜도 받는다. 허들 경주를 하듯 숨이 찬다. 마늘의 익명성은 노동 강도로 인해 지켜진다.

그럼에도 그 가려진 일터에서 마늘이 '공정'을 느낀 지점에 주목해야 한다. '다르다'는 것이 평가절하로 이어지는 사회에서 마늘은 다름의 일부가 가려지자 제대로 된 평가를 받았다고 느낀다.

순응하지 않는 몸의 결말

마늘은 다르다. 보기부터 다르다. '다른' 몸이 가려지자 자신을 둘러싼 차별이 (일부) 사라지는 경험을 하게 된다. 여성학자 정희진은 "몸 때문에 차별받는 사람들에게 몸은 중립지대가 아니다"[4]라고 했다. 마늘에게 몸은 중립인 적 없었다. 그렇다면 우리의 몸은 같은가?

다르다. 그러니 다르지 않으려고 러닝머신을 뛰고 수술대 위에 눕는 게 아닌가. 같아지고 싶다. 하얗고 가지런한 이, 곧은 어깨, 잘록한 허리, 가늘고 선이 고운 동시에 볼륨까지 있는 몸매를 지닌 '그녀'와. 세상에 존재하지 않으나, 모방의 대

---

4   정희진, 《낯선 시선》, 교양인, 2017.

상이 되는 여자가 있다. 그런데 이상을 좇아 달릴수록 모두가 이상에 도달하는 것이 아니라, 정상 기준만 높아지는 일이 벌어진다. '미용 체중'이 어느새 정상 체중으로 자리 잡고, 표준 신장(키)을 넘지 못했다는 이유로 병원에 가야 하는 것처럼 말이다. 높아진 정상 기준에 못 미치는 몸은 '하자'로 취급된다.

"사회적으로 받아들여지는 신체 사이즈가 아닌 몸"은 문화적 의미에서 '장애'로 취급된다.[5] 모순적이게도 모두가 건강과 정상을 꿈꾸는(관리할 수 있다고 믿는) 사회에서 오히려 '장애'의 영역은 더 넓어진다. 사회가 받아들일 수 있는 신체 범주가 자꾸 좁아지기 때문이다. 사람들은 "몸이 우리를 배신할까봐, 살이 찌거나, 주름이 지거나, 너무 빨리 노화되거나, 사람들이 우리에게 무심해지게 될까봐",[6] 다시 말해 우리의 몸이 '정상'이 아닐까봐 전전긍긍한다. '정상'이 아니라고 평가절하당하는 이는 마늘만이 아니다.

이상할 것도 없기는 하다. 신자유주의 시대에 가장 자연스러운 행위는 '자기관리'다. '정상' 몸이란 특정한 규격과 행동치를 말하지 않는다. 규격과 기준은 사회적으로 변동이 잦다. 변하지 않는 것은, 규범에 순응하는 몸이 '정상'의 지위를 획득한다는 사실이다.

순응하기 위한 노력이 우리를 우리 몸에서 소외시키는 동안, 우리는 사회라는 공간에서 마늘의 존재를 제외시킨다. 존

---

5   "사회가 받아들이거나 정상이라고 여길 만한 몸의 기준으로부터 일탈한 몸이 가진 차이를 생각할 때, 장애를 구성하는 독자적 요소로서 문화의 힘이 드러난다. …… 그런 몸을 가진 사람에게 기능적이거나 물리적인 어려움을 초래하지는 않지만, 주요한 사회적 장애를 구성한다." 수전 웬델, 《거부당한 몸》, 강진영·김은정·황지성 옮김, 그린비, 2013.

6   실비아 페데리치, 《혁명의 영점》, 황성원 옮김, 갈무리, 2013.

재를 부정하거나 예외로 만든다. 순응하지 않는 몸을 저편으로 치워버린다. 그러나 뿌리 깊은 습관으로 인해, 사람들은 자신이 배제시킨 존재에게도 등급과 스펙을 매긴다. 외모 스펙은 트랜스젠더에게도 적용된다. 트랜스여성에게 붙는 '여자보다 더 예쁜'이라는 수식어가 이를 말해준다.

사람들의 흔한 생각과 달리, 트랜스젠더 정체성을 가졌다고 해서 모두가 얼굴과 가슴, 성기 등을 성형하길 원하진 않는다. 각자 원하는 몸이 다르고, 자신의 성별을 표현하는 데 필요한 변화라고 여기는 마지노선도 제각각이다(예를 들어 마늘은 여성의 몸을 가지길 원하지만 가슴 수술은 원치 않는다).

하지만 우리가 아는 트랜스여성들은 너무 전형적인 '여자'다. 긴 머리에 꼼꼼한 화장, 볼륨감 넘치는 몸매. 세상은 이들이 '진짜 여자'가 되고 싶은 것이라 편리하게 착각하지만, 이유는 따로 있다. 수술하지 않은, 꾸미지 않은 트랜스젠더를 세상이 인정하지 않기 때문이다. 성별 이분법에 갇힌 사회는 트랜스젠더에게도 남자와 여자 둘 중 하나를 골라서 살라고 한다("그래서 남자야? 여자야?"). 사회가 마지못해 '전환'을 인정하는 대상은 규범에 제시된 미의 이상에 도달하기 위해 애쓰는 트랜스젠더뿐이다.

그래서 트랜스젠더들은 같은 처지의 동료를 꾸준히 설득한다고 한다. 화장하라, 머리를 길러라, 가슴 수술을 해라. 이유는 간명하다.

"왜냐면, 너무 힘드니까."[7]

성별 규범에 맞춰 꾸미지 않는 트랜스젠더는 '남'과 '여' 어디에도 끼지 못한다. 이분법에 갇힌 세상은 그이들에게 자리를 내주지 않는다. 수술을 한다고 인생이 180도 바뀌지는 않는다. 사람들의 시선이 따뜻해지는 깃도 아니다. 그럼에도 사회에서 진창 자리 하나라도 받으려면 이들은 '성전환 수술'[8]에 더해 얼굴 성형이라는 값비싼 비용까지 감당해야 한다.[9] 외모가 주는 규범성이 주민등록 뒷자리 숫자(1 혹은 2)보다 더 강력하다. 예뻐야 '용서(?)'받는다.

성소수자들만을 향하는 시선이 아니다. 우리는 왜 장애인에게 성별을 붙이는 일을 망설일까(장애인 화장실을 설치하던 초기, 대부분의 장애인 화장실에 성별 구분이 없었다). 소위 '정상'(비장애인) 여성/남성 모습으로 재현되지 않는 사람에게 우리는 성별을 붙이려 하지 않는다. 비장애인 '여성'의 외양을 갖추지 않았다면 여자라고 부르길 주저한다. '정상'의 범주에서 '여자(남자)다운' 체형, 몸짓, 목소리, 치장을 할 수 없는 몸에게 세상은 "남자니? 여자니?" 묻는 일조차 그만둔다. 이 몸들은 무성으로 취급된다. 아니, 무성조차 될 수 없다. 그저 '장애인'이고, '트랜스젠더'일 뿐이다.

---

7 강현주 외, 〈청년 성소수자 인식실태조사 및 청년 성소수자 활동가 당사자의 욕구조사〉, 서울시 청년허브, 2015. 모든 성소수자가 성별 규범에 맞춰 외양을 꾸미는 것은 아니다. 문제는 남성/여성이라는 이분법으로 꾸밈을 나누고 강요하는 세상이다.

8 성(별)확정 수술, 성별적합 수술, 성 재지정 수술이라고 하기도 한다. '성전환 수술'이라는 용어가 성별정체성에 부합하는 몸을 되찾는 과정을 드러내는 데 적합하지 않다는 의견이 있다. 이렇듯 논란이 있으나, 가장 대중적으로 쓰이는 용어이기에 여기서는 작은따옴표를 붙여 사용하고자 한다.

물음표가 되는 몸

'저들'도 그리고 '우리'도 끊임없이 질문을 받는다. "여자니? 남자니?" 그 물음의 답안지를 계속된 꾸밈노동으로 채운다. 답안지를 작성하지 못한다면 '스펙 딸리는' 인간이 된다. 그 정도면 감사하다. 때로는 괴이한 무엇이 된다.

그러나 마늘은 답안지를 작성하는 이가 아니다. 예뻐야 용서받는 세상에서 예뻐지려고 하지 않는다. 마늘은 "여자니, 남자니?" 묻는 세상의 질문을 무시한다.

"사람들에게 이질감을 주거나 괴리감을 주는 옷을 선호해요. '내가 이렇게 하고 있으면 너 내가 어떻게 보여? 헷갈리지?'"

화장을 하고 '여자' 옷을 즐겨 입지만, 그것은 사회적 미의 기준을 충족시키기 위한 노력과 다르다. 마늘의 차림은 여성복이나 남성복이 아니다. 그저 마늘이 자신을 표현하는 복장일 뿐이다. 머리 자르기를 거부한다. 화장을 한다. 그렇다고 사회가 허락한 '여자'가 되지도 않는다. '성전환 수술'을 하지 않는다. 가슴은 탈부착 가능한 모형이다. '예쁜 여자'도 '정상 남자'도 되지 않겠다고 한다. 그런 마늘의 외모는 이 세계에서 스펙이 될 수 없다.

면접장에 들어올 수 없는 마늘의 몸은 점수가 되지 않는

9   "나는 솔직히 SRS(성전환 수술)가
    급한 게 아니고, 바탕이 여자 같아야 뭐
    수술을 해도 효과 있는 거 아니냐, 라는
    생각을 한 거예요. 일단 (여자 얼굴)
    그게 돼야 여자들이 인정을 해요. ……
    얼굴을 딱 고치고 나서부터는 제가
    만족하는 게 뭐냐면 여자 화장실 다녀도

이제는 어색하게 안 봐요"(트랜스여성
MTF, 38세). 〈한국 LGBTI
커뮤니티 사회적 욕구조사 보고서〉,
한국게이인권운동단체 친구사이, 2014.

다. 그래서 마늘은 스스로 질문이 되기로 했다. '헷갈리지?' 마늘의 존재 자체가 세상에 물음표를 찍고 있다.[10]

성소수자들의 직업 선택과 정체성

〈한국 LGBTI 커뮤니티 사회적 욕구조사 보고서〉에 따르면, 성적소수자라는 점이 직장이나 일을 선택하는 데 얼마나 영향을 미쳤는지 물었을 때, 양성애자/동성애자 응답자 중 '매우' 또는 '어느 정도 미쳤다'라고 답한 이가 52.7%다. 절반 이상이 직업 선택을 할 때 자신의 정체성을 염두에 두거나 그로 인해 제약받는다고 응답한 것. 성별 표현과 법적 성별이 불일치하는 경우, 영향을 미친다는 답은 67.8%까지 증가한다. 이들은 선호하는 직장으로 "다양성이 존중되는 곳"을 우선으로 뽑았으며, 여성은 "복장, 두발이 자유로운 곳", 남성은 "자신을 지지해줄 지인이 많은 곳"을 각각 선택했다.

트랜스젠더 응답자들은 10명 중 7명꼴인 73.8%가 자신의 정체성이 직업을 선택할 때 영향을 미친다고 답했다. 특히 트랜스여성의 응답 비율이 높았다(82.4%). 직장을 선택할 때 고려하는 것으로 '복장/두발 자율성 보장'은 물론, 혼자 일할 수 있는 직장, 유니폼이 없는 곳, 신분증을 요구하지 않는 곳 등을 꼽았다.

10 지배규범만 "수행적으로 실천되면서 정상성을 얻는 것"이 아니다. "피해와 권리 또한 수행성을 가진다." 나영정, 〈정체성의 정치, 교차성의 정치, 인권의 정치〉,《인권운동》 창간호, 2018. 12.

필요한 건 편한 옷

"제가 티가 나요?"

순간 대답을 못했다. 머릿속으로 적당한 말을 찾으면서도 시간이 흐르는 걸 의식했다. 대답하는 데 걸리는 시간이 길어지면 강표는 뭐라 생각할까. 자신이 정말 '티'가 난다고 생각하면 어쩌나. 그런데 티 난다는 게 뭘까? '게이 티'라는 것이 뭘까? '남자답지 못함'을 말하는 것일 텐데 게이는 '여자 티'가 나는 사람인가. 그렇다면 '여자 티'란 무엇인가?

강표가 다리를 벌리고 앉지 않는 것, 말투가 살갑고 웃을 때 목소리 톤이 조금 높은 것이 '티'라면, 다리를 벌리고 앉고 목소리 톤이 낮으면 티 안 나는 남자인 걸까. 대뇌에서 여성성과 남성성에 대한 비교 분석까지 진행하고서야 얼버무리며 대답했다. 답이 성에 찼을 리 없다. 강표 쪽에서 도리어 물었다. "도대체 남자다움이 뭐죠?"

"남자다운 게 뭔데?" 강표는 남성답지 않다는 지적을 받으면 상대에게 드라마 주연배우처럼 묻는다고 했다("나다운 게 뭔데?"라는 흔한 드라마 대사). 그러나 '남성성'의 정체를 묻던 강표조차 공무 집행에 어울리는 태도와 말투는 '남성'의 것이라 여기는 듯했다(그는 공무원이다). '사근사근한' 평소 말투가 아닌 낮고 굵은 목소리를 내려고 긴장한다.

"진지하게 하려 하죠. 그건 제가 고쳐야죠."

공적인 업무를 수행한다는 이미지를 주기 위해 강표는 사회적으로 통용되는 남성을 불러온다. 아무리 아닌 척해도 우리는 '남자다움'이 무엇인지 알고 있다. 목소리만 가늘어도 '게이냐?' 놀림당한다. 머리만 짧아도 남자로 쉽사리 오해받는다(커트머리를 한 키 큰 여성은 화장실에 들어갈 때마다 타인의 시선을 의식하게 된다).

그런데 이런 경험들은 '남자다움'과 '여자다움'의 틀에 맞출 수 없는 상황들이 우리 주변에 흔히 존재한다는 것을 드러낸다. 강표가 "남자다운 게 뭐냐"고 물을 수 있던 까닭은 남자다움과 여자다움 어디에도 속하지 않는 모호함에 있다.

문제는 세상이 모호함을 인정하지 않는다는 데 있다. 남자 혹은 여자로 구분 지을 수 없는 수많은 특성들을 '예외적 경우'로 만들며 여(남)성성이라는 퍼즐 맞추기를 한다. 퍼즐이 완성되지 않으면 퍼즐 조각이 사라졌거나 맞추지 못한 개인 탓이라 여긴다. 완성된 퍼즐 그림 같은 건 원래 없을지 모른다는 생각은 하지 못한다.

나 또한 습관처럼 퍼즐을 맞추는 입장. '여성 몸'으로의 '성전환'을 꿈꾸는 나이스에게 물은 적이 있다.

"나중에 트랜지션 과정이 끝나면 어떤 옷차림을 하고 직장에 갈 거예요?"

"셔츠요. 셔츠를 좋아해서요."

그렇게 대답하는 나이스는 하얀 셔츠를 입고 있었다. 호르몬 투입을 중단해 아직 '남자 몸'. 트랜지션을 한 후에도 셔츠를 입겠다고 했다. 여자든 남자든 좋아하는 옷을 입겠다고 말하는 나이스에게 나는 무얼 기대하고 물은 걸까. 꽃무늬 원피스를 입고 싶다고 말해주기라도 바랐던 걸까.

이번 취재를 통해 만난 것은 아니지만, 제리(안드로진 Androgyne[1], 바이섹슈얼)가 한 말을 기억한다.

"옷장을 봤을 때 100퍼센트 남자 옷으로 채워진 옷장은 없잖아요. '여성'적인 옷도 있고 유니섹스한 옷도 있고. 그런데 옷을 입는 건 결과적으로 본인이잖아요. 가장 중요한 건 그 사람이 어떤 옷을 입을 때 편하냐는 거죠."

필요한 건 편한 옷이다.

---

[1] 남성을 의미하는 접두사 'Andro-'와 여성을 의미하는 'Gyne'이 합쳐진 용어로, 남성과 여성이 공존하는 성별정체성을 가리킨다.

직장에서 어떤 차별을
겪고 있나요? ②

화장실 및 공간 사용

• **마늘(젠더퀴어)**: 밖에서는 여자 화장실을 잘 이용한다. 하지만 (일터에서는) 나를 '성별 1'(남성)로 인식하기 때문에 내가 여자 화장실에 들어가면, 사람들이 불쾌하거나 불편해하는 경우가 생긴다.

• **나이스(트랜스여성)**: 고객들이 놀랄까봐 여자 화장실을 안 쓴다.

임금 및 복지

• **강표(게이)**: 내가 받는 연금을 배우자(애인)에게 양도할 수 없다. 부모님

이 살아계시지 않으면 연금은 소멸된다. 그 외에도 사내 상조회에 내는 가족 행사 비용. 결혼식, 돌잔치 축의금. 나에게는 돌아오지 않는 돈들을 생각하면 답답하다.

• **채연(에이섹슈얼)**: 나는 계속 이렇게 적은 돈을 받으며 일할 거고, 노후를 생각하면 미쳐버릴 것 같으니까, 생각하지 않는다. 오래 살지 않을 거라 생각한다. 나중에 파트너랑 같이 살더라도, 그 사람도 여성일 텐데. 상대는 나보다 나은 수준의 월급을 받을까? 여성이 나이 들어도 괜찮은 직장을 가질 수 있을까?

성소수자 비하/혐오 발언

• **우연(게이)**: 동료 교사가 성소수자를 가리키며 그런 사람이 왜 교사가 되는지 모르겠다, 싫다고 한다. 게이인 교사는 절대 용서가 안 된다고. 게이는 선택할 수 있는 문제이고, 타락이라고 생각하나보다.

• **양돌(게이)**: 카톡 단체방에 '연애를 못하면 장애인'이라는 게시글을 캡처해 올리면서 '나는 장애인이네'라는 말을 농담이라고 하는 사람이 있다. 장애인 비하에 성소수자 비하까지. 꼭 나를 지칭하지는 않더라도, 혐오를 담고 있는 말이 너무 많다.

- **성연(퀘스처너리)**: 왜 연애 안 하냐고 자꾸 묻더니, 사람들 다 있는 회식 자리에서 "선생님, 레즈비언이야?"라고 했다. 놀라서 아무 말도 못했다.

성희롱과 성폭력

- **양돌(게이)**: 직장 관계자가 같이 술을 마시자고 하더라. 아는 남자 동생들 사진이라고 보여주면서 얘는 얘랑 잤다더라, 하는 이야기를 한다. 그런 이야기를 왜 하시냐고 하니까, "왜 그래? 원래 게이들은 아무하고나 자고 그러잖아"라는 식의 반응.

- **나이스(트랜스여성)**: (같은 남자인 줄 아니까) 남자끼리 어떠냐면서 신체 접촉을 스스럼없이 하는 거다. 거부한 적은 없다. 너무 자연스럽게 해서 차마 거부하지 못했다.

3부

위계

"모든 사람들은 꽃 피는 여자를
다 갖고 싶다 하지만
나는 그 누구도 믿을 수가 없어"[1]

1   김사월, 〈젊은 여자〉, 1집 앨범
     '수잔'(2015) 수록곡.

©한국게이인권운동단체 친구사이 '터울'

키워드 4. 유리천장

콜센터의 남과 여

콜센터 직원 마을의 이야기를 이어가보자. 마을에겐 주민 등록번호 '1'이 꼬리표처럼 따라붙는다. 자신을 남자로도 여자로도 규정하지 않는 젠더퀴어지만, 다른 사람들에게 그는 그저 남자다. 주민등록상 성별과 본인이 느끼는 성별이 일치하지 않는 까닭에 일자리를 구하는 데 어려움을 겪다가 콜센터에 취직하게 됐다.

"(정식 채용 전) 콜센터 교육 때 사람들이 저를 여성으로 알고 있었는데, 강사가 와서 숫자를 세니까 남성이 하나 비는 거예요. 숫자를 계속 세는데. 나중에 남자들 다 포기하고 한

명 남아 있다고 기록에 나온 거죠. 아무리 봐도 남자는 없고 (웃음)."

마늘은 '여성 차림'을 즐겨 했다. 출근할 때 치마를 입거나 화장을 하기도 한다. 그렇다고 여자로 출근했다고 표현한다면 적합하지 않을 것이다. 마늘은 마늘로 출근했다. 마늘은 자기 자신으로 출근했으나 그곳에도 남자/여자는 있었다. 고객과 얼굴을 대면하는 업무가 아니기에 마늘의 차림은 면접장을 통과했으나, 목소리만큼은 고객과 만나야 했다.

"저는 '1'로 등록되어 있어서. 너는 남자니까 콜 받을 때 중저음, 신뢰감 있는 목소리로 해야 한다는데. 저는 그게 되게 어렵거든요. 전화 받을 때는 목소리가 한 톤 더 올라가요. 고객들도 다 여자인 줄 알고 아가씨라고 하고요. 그런데 매번 '목소리에 신뢰감이 묻어나지 않는다'는 평가를 받고."

'남자인지 여자인지 모를' 마늘의 외양을 문제 삼지 않던 회사지만, 목소리에는 성별을 부여했다.

"여자는 친절하고 상냥하게 웃어주는 목소리. 남자는 단호하면서도 신뢰감 있는 목소리. 그런 음성 톤이 정해져 있어요."

신뢰감이란 어떻게 주어지는 것일까. 어떤 목소리가 신뢰라는 추상의 개념을 전달하기에 적합할까. 의문을 가질 새도 없이 답은 이미 정해져 있다. 남성은 신뢰, 여성은 친절. 고정된 성별 이미지는 늘 정답 자리를 차지한다.

"특정(진상) 고객들이 있어요. 콜 받는 직원들은 다 알 정도로 특이한 고객들. 그런 분들에게 전화 오면 일부러 목소리 깔고 받죠. 상담원이 남성 목소리면 고객들이 클레임(문제 제기)을 못 거는 경우가 많아요. 클레임을 걸더라도 수위가 낮아진다든지."

지구 반 바퀴 저편에서 30년 동안 남성으로 '읽히다가' 트랜지션을 한 케이트 본스타인도 말했다. "남자와 여자가 받는 취급의 차이는 분명 있다"고.

"나는 꽤 여러 가지 세일즈 일을 해봐서 어떻게 설득해야 구매하게 되는지 안다. 물론 남자로 일할 때 얘기다. 여성이 되어 일했을 때 고객들은 나의 '전문가 의견'을 들으려 하지 않았다. 결국 '어머나, 저보다 훨씬 더 잘 아시네요, 존슨 씨. 당신은 어떻게 생각하나요?'라고 묻는 수밖에 없었다."[2]

지구 반 바퀴 저편 이곳에서 지금도 빈번히 일어나는 일. 남성 직원은 대형 전자제품 매장에, 여성 직원은 소형 제품 매장에 배치되는 그런 일이 종종 있다. 대형 상품을 여성이 팔면 더 자주 고객 항의에 시달린다고 했다. 들을 가치가 있는 이야기는 남자가 한다. 개개인이 가진 편견이 아니다. 세상이 성별을 독해하는 방식이다. '그녀'의 말을 신뢰하지 않는 사회에서 여성 직원들은 선풍기 '나' 판다. 판매 금액을 비

---

2 케이트 본스타인, 《젠더 무법자》,
조은혜 옮김, 바다출판사, 2015.

97

롯해 대형 제품을 파는 남성 직원과 벌어지는 격차는 차곡차
곡 쌓여 능력 평가로 수렴된다.

그래서일까. 콜센터 남성 직원은 대개의 경우 업무 평가가
좋다. 회사는 마늘이 주민등록번호와 동일한 '남성'으로 있어
주길 바란다. "남자가 귀하거든요." 마늘의 말이다. 입사 동기
중 교육을 끝까지 수료한 법적 남성은 마늘뿐이다. 앨리 리셀
혹실드는 저서 《감정노동》에서, 감정노동 일터에 여성이 몰
리는 이유 중 하나로 남성에 비해 낮은 지위를 꼽았다. 콜센
터의 낮은 임금과 사회적 지위, "불만을 가진 사람들이 두려
울 것 없이 자기감정을 표현하는 고객 불만 접수처"[3], 일명 감
정 쓰레기통 취급은 남성이 감당할 종류가 아니다. 감당해야
한다고 배워온 일이 다르고, 남녀의 평균 임금부터 다르다.
남성들은 콜센터 교육을 이수하지 못하고/않고 떠난다.

분홍 구두, 파란 운동화

마늘과 여자들만 남았다. 남자일 수 없는 마늘이지만 회사
의 바람을 종종 들어준다고 했다. 상황에 맞게(?) 여자와 남자
목소리를 섞어 쓴다. 신뢰감이 있다고 믿어지는 '남성' 목소
리로 나타나 진상 고객들을 무찌르다가도 다른 콜에서는 '여

3   "사회 전반에서 진행되는 노동 분업
    때문에, 어느 직업에서든 여성은 남성에
    견줘 낮은 지위와 권위를 부여받게 된다.
    결과적으로, 여성들은 '감정 원칙'에
    대항할 보호막을 얻지 못한다. 여성들은
    남성에 견줘 불만을 가진 사람들이
    두려울 것 없이 자기 감정을 표현하는
    고객 불만 접수처가 되는 경우가 훨씬
    많다." 앨리 러셀 혹실드, 《감정노동》,
    이가람 옮김, 이매진, 2009.

자처럼' 친절하다. 마늘은 이런 변신을 두고 말한다.

"제 나름대로 삶을 살 거고. 상황에 맞게 이익이 되는 방향으로 내 모습을 이끌어내는 방법으로 살 거라. 내가 성소수자라서 그렇게 산다기보다, 많은 사람들도 그렇게 살아갈 거라 생각해요. 다들 자신에게 도움이 되는 방법으로 자신의 모습을 바꿔나가지 않나요?"

그가 모습을 바꿀 수 있다고 자신 있게 말한 건 성별이 고정되지 않은 정체성(젠더퀴어) 때문이 아니다. 오히려 마늘은 "각각의 성별에 기대하는 것이 너무 명확하게 나뉘어 있기" 때문이라 했다. 여자 혹은 남자의 모습을 활용하는 게 아니라 회사와 고객이 지닌 성별 편견이 변모의 주된 자원이 된다.

어떤 말투, 어떤 행동을 해야 할지 뻔하다. '여자아이는 분홍, 남자아이는 파랑'으로 자라왔다. 남자아이는 탑에서 공주를 구하고 여자아이는 뾰족구두를 신고 왕자랑 춤추는 꿈을 꿔왔다. 그러나 왕자와 공주 문제를 떠나, 그런 꿈을 꿔봤자 무도회 초대장은 오지 않는다. 1 대 99라는 말이 한때 유행했듯, 99는 무도회에 갈 운명이 아니다. 일터로 가야 한다. 분홍구두와 파란 운동화를 신고 출근해야 한다.

분홍과 파랑, 선명한 일터의 질서에 포함될 수 없는 성소수자들은 괴롭다. 국가인권위원회에서 진행한 성소수자 실태 조사[4]에서 한 응답자는 승진에서 탈락하는 자신을 이렇게

---

4   국가인권위원회 인권상황실태조사
연구용역 보고서《성적지향·성별정체성에
따른 차별 실태조사》, 2014년 12월.

납득시켰다. "여성스럽지 않은 태도나 말투, 외양이 상사에게 좋게 보이지 않을 것이다." '여성다움'의 상실에서 점수가 깎인다. 게이라고 정체성을 밝힌 이는 승진하지 못하는 이유를 이렇게 말했다. "결혼하지 않으면 책임감이 있다고 인정받지 못한다." 우리가 살면서 눈치챈 것처럼 '여자다운/남자다운 행실'은 업무 능력 평가에 비공식적 영향을 미친다. 헷갈리게 하는 사람에겐 점수가 '짜다'.

인권단체에서 일하는 수정은 짧은 머리에 민낯, 편하고 품이 큰 옷을 즐겨 입는다. 예상 가능하게도 "남자냐?"라는 질문을 곧잘 당하는데, 수정은 사람들이 그걸 왜 궁금해할까 생각해보았다고 했다.

"묻는 사람도 제가 남자든 여자든 별로 중요하진 않은 거 같아요. 그냥 누군가 남자와 여자 둘로 나뉘는 기준 안에 들어가지 않으면 혼란을 느끼고, 그걸 정리하고 싶어 하는 거 같아요."

잠시 생각하더니 이렇게 덧붙인다.

"그런데 남자들은 물어보는 이유가 있긴 하더라고요. 성별에 따라 그들이 저를 대하는 방식이 달라지더라고요. 그걸 판단하기 위해 묻는 것 같아요."

남성들은 수정이 남자일 경우 (남성 집단 내) 서열을 정해야 할 대상으로 여기고, 여자라면 타자로 인식한다. 수정의 개인적인 판단이지만, 자신의 성별에 따라(정확히는 사회화되어온 방식에 따라) 타인의 성별을 규정해야 할 필요가 생기거나 없어진다는 점은 흥미롭다. 그렇다면 기업은? 기업은 왜 사람을 남성 혹은 여성으로 규정하려 하는 걸까?

기계에도 위계가 있다

앞서 이야기했듯, 기계가 중요하지 기계에 덧칠된 색은 중요하지 않다. 그러나 색에 따라 기계의 가격이 다르게 책정된다면 이야기는 달라진다.

비용을 아끼고자 한다면 기계를 한 가지 색으로 칠해서는 안 된다. 모든 기계가 한 가지 색이라면 똑같은 비용을 지불해야 한다. 절약 정신이 투철한 기업들은 색의 가짓수를 조정해 비용(임금)을 절감한다. 남자와 여자, 비장애인과 장애인, 노동이 가능한 몸과 가능하지 않은 몸, 효율적인 몸과 효율적이지 않은 몸 등으로 사람을 나눈다.

열여덟 살인 이혜는 밥 먹으러 갈 때도 남자와 여자가 따로따로 간다는 공장 일을 이야기해준 적 있다. 공장에서 단기 알바를 했는데 첫날 시급을 정할 때 여자라서 시급 500원이 깎이고, 청소년이라서 또 500원 깎였다. 당연히 최저임금법

위반이다. 청소년을 상대로 하는지라 고용주가 법과 체면을 신경쓰지 않은 덕분에, 어떤 기준에 의해 임금이 삭감되는지 적나라하게 볼 수 있었다.

위계는 노동하는 기계에 다른 색을 칠할 명분이 된다. 성별은 위계를 정당화한다. 우리가 사는 사회에서는 '비용'과 '성性'이 같이 간다. "값싼 노동력의 거대 저장소"[5]로 전락한 제3세계 생산 공장을 가득 메운 성별이 '여성'인 것은 필연이리라. 초국적 기업이 개발도상국으로 진출할 때 고려하는 지점 중 하나가 여성차별 문화라는 이야기가 있다. 여성차별이 심하다는 것은 '여자가 있을 자리는 가정'이라는 논리가 더 강하다는 뜻. 집 밖의 여성노동은 부차적으로 여겨진다. 바로 이때 가격 '후려치기'가 가능하다.

계단 맨 아래 칸의 노동

무채색 작업복을 입고 컨베이어 벨트 앞에 길게 늘어선 노동자들의 이미지로 떠오르는 생산 현장에도 성별에 따른 색이 있다. 자신을 에이섹슈얼(무성애)[6]이라고 말하는 채연은 2차 하청인 부품 제조업체에 다닌다. 회사에서 '그녀'는 그저 여자다. "여자도 완전 여자죠." 짧게 덧붙인다. "그렇지 않으

---

5   실비아 페데리치,《혁명의 영점》, 황성원 옮김, 갈무리, 2013.

6   채연은 커밍아웃을 하지 않았지만, 해봤자 자신이 '그냥' 여자일 뿐일 거라고 했다. "누가 이해하겠어요? 이 정체성을." 동료들은 하루가 멀다 하고 '혼기 꽉 찬' 직장 남자들과 채연을 엮어주려 한다.

면 일이 안 돼요." 원청 정규직 (남성) 노동자들과 함께 일하는 하청업체에서 채연의 능력은 '여자'다.

"일하다보면 라인(컨베이어 벨트)이 서요. 우리 (하청업체) 잘못 때문에 설 때도 있죠. 라인이 잠시만 멈춰도 업체가 배상해야 하는 손해가 몇 백만 원이에요. 원청에 보고가 올라가면. 그런데 보고를 올리는 게 직영(정규직 관리자)이니까. 그 사람이 말만 잘하면 라인 멈춘 일이 없어지는 거예요."

라인이 멈추면, 남성 정규직 관리자와 친하게 지내던 하청업체 직원들이 움직인다. 이들은 여자다. 업체에서 가장 '어린' 채연도 "끌려간다". 웃어주고 비위 맞춰주다보면 라인 멈춘 것이 없던 일이 된다. 좋은 말로 하면 이것도 능력이다. 사회성이고 인맥이다. 노동 현장에서 성별화는 단지 누가 볼트를 조이고 누가 무거운 짐을 드는가로 정해지지 않는다. 말하고 웃는 모든 순간이 이성애 규범에 따른 노동이 된다.

채연은 여자가 활용해야 하는 능력을 선배들에게서 강제학습 중이다. 그런데 그 능력을 인정받아봤자, 불안한 하청노동자 인생에 달라지는 것도 없다. 경기가 어렵다 싶으면 폐업(동시에 해고)이다. 자립할 자원이 있는 협력(하청)업체가 얼마나 될까. 흔히 '대기업 갑질'로 알려져 있는 대기업 중심 산업구조 덕분에 협력업체 노동자들은 해고의 합법적 사유인 '경영상 위기'를 자주 접한다. 구직은 일상이다. 새로운 직장을 구할 때 채연 같은 여성들은 그 능력(?)을 내세울 수도 입증할 수도 없다. 남성 노동자와 대적할 것은 더더욱 아니다. 채연의 표현을 빌리면, "지게차 운전하는 게 차라리 스펙"이다.

지게차 운전하는 성별(남성)이 무슨 대단한 벼슬을 가졌다는 말은 아니다. 지게차 운전을 해봤자 하루 14시간까지 일하는 노동자가 될 뿐이다. 믹고실기 긱박한 것은 마찬가지. 다만 그토록 긴 '그들'의 노동에는 여성이 하는 노동과 달리 감정-성애적 요소가 포함되지 않는다는 말이다. 무성의 공간으로 착각되기 쉬운, 그래서 남자와 여자를 구분하는 일이 무의미하다고 여겨지는 제조업 현장에서조차 끊임없이 수행해야 하는 여자로서의 노동이 있다. 그 '여자 노동'은 층층이 나뉜 위계의 아래쪽 칸을 차지하는 일이 잦다.

수정

"레즈비언 정체성을 가지고 살고 있다. 여성이지만 여성 같은 차림을 하지 않고, 여성에게 요구되는 노동을 하지 않는다. 직장에서 자유롭게 '나'로 일하는 편이다. 소수자 운동을 하는 장애 영역 사회단체에서 일한다."

#지정성별_여성 #20대 #수도권_거주 #레즈비언 #시민단체_근무

채연

"여자 사람. 젊지만 늙어가는 여자 사람. 지금은 공장에서 일하고, 에이섹슈얼 엄브렐라 asexual umbrella 7 에 속해 있는 사람이다. 에이섹슈얼은 한국말로 번역하면 무성애자인데, 그렇다고 아예 연애나 섹스를 하지 않는 것은 아니다. 남들과 느끼는 감정이 다른 사람. 나조차 나 자신을 설명하기 어렵다."

#지정성별_여성 #30대 #수도권_거주 #에이섹슈얼 #제조업체
#비정규직

7   에이섹슈얼의 범주에 포함되는 모든
    정체성을 우산처럼 덮어서 포괄하는
    용어. 앞서 언급된 에이로맨틱(섹슈얼),
    데미로맨틱(섹슈얼) 등도 이 범주 안에
    포함된다.

기업이 꺼리는 몸

어떤 이들은 여성 노동에 낮은 가격이 책정되는 이유로 '생산력'을 꼽는다. 여성의 생산력이 낮은 까닭은 임신과 출산을 해야 하는 몸 때문이라고 한다. 맞고 틀리고를 따지기 전에, 공개적으론 비혼일 수밖에 없는 레즈비언 직장인의 말을 옮겨와본다.

"임신, 출산 기간에 자리가 비잖아요. 그럼 옆자리 남성 노동자들이 겪는 감정 교차를 나도 같이 느낀단 말이에요. 4명이서 해온 일을 3명이서 해야 해. 출산휴가 간 자리에 사람을 새로 안 뽑아. 뽑아도 알바. 정말 바쁠 땐 미쳐버릴 것 같은데."

모두가 숨이 간당간당하게 바쁘다. 회사는 육아휴직으로 빈 자리를 채우지 않는다. 법도 대체인력을 권장할 뿐 의무로 두지 않는다. 한국은 OECD(경제협력개발기구) 가입국 중 장시간 노동 1, 2위를 다투는 나라다. 취업 준비 기간이 평균 1년이라는데, 입사해 그 1년보다 고작 2개월 더 버티다가 회사를 나온다.[8] 강도 높은 업무와 이를 유지시키는 납득할 수 없는 직장문화(낡은 업무관행)가 사람을 떠나게 한다.

그래도 남을 사람은 남는다. 사실 거의 다 남는다. 어떻게 들어온 회사인데. 다른 회사라고 다를 것 없어 남는다. 기대가 없어 다니고 불안해서 다닌다. 오늘 회사를 다닌다 해도

---

8   국내 15~29세 청년이 입사해
    첫 직장을 그만두기까지 근속
    기간은 1년 2개월이다. 2018년 5월
    경제활동인구조사 청년층 부가조사
    결과(통계청).

내일 회사에 내 자리가 있을 거라 장담할 수 없다. 실업자 수가 100만 명을 넘은 지 오래, 불안은 시대의 키워드가 되었다.

이상하게도 미래에 대한 예측이 불가능할수록 사람은 눈앞의 성과에 매달리게 된다. 사회학 서적에서 흔히 발견되는 '자본주의 체제가 사람들의 불안을 먹이 삼아 성장한다'는 류의 이야기[9]는 고용절벽 앞에서 정설로 자리 잡는 중이다.

체제 운영의 진실이 무엇이든, 속세는 불안을 현재적 유용성과 맞바꾸려는 개인들의 분투로 치열하다. 모두가 자신의 '효율'을 증명하려는 방식은 기업에겐 나쁠 것 하나 없다. 효율은 비용을 절감시킨다. 문제는 기업이 아낀 비용이 블랙홀로 빨려 들어가는 것이 아니라는 것. 다른 누군가가 비용을 대신 지불하는 게다. 이때 노동하는 이가 비용 전담반이 되기 십상이다. 효율을 증명하려는 직원들에게 비용이 전가된다. 과로질환이나 번아웃 증후군 같은 이름의 질환으로 결제되기도 한다. 그런데 비용을 전가할 수조차 없는 몸이 있다.

효율과 속도를 높여 비용을 절감할 수 없기에 기업 입장에서는 오히려 고용 자체가 비용으로 여겨지는 몸. 장애인,[10] 아픈 사람, 그리고 우리가 미처 떠올리지 못하는 많은 몸들이 여기에 속한다. 떠올리지 못하는 이유는 하나다. '이쪽' 세계의 문을 넘어본 적 없기 때문이다. 회사는 저들을 채용하지 않는다.

---

9   레나타 살레츨, 《자본주의 사회의 불안들》, 박광호 옮김, 후마니타스, 2015.

10   "애초에 장애인이라는 범주가 임노동이 가능한 자와 불가능한 자를 구분해야 했던 자본주의 초장기에 형성된 개념이다. …… 일을 할 수 있는 몸the able-bodied'과 '일을 할 수 없는 몸the disable-bodied'을 구분하게 되며, 이로부터 '장애인disabled people'이라는 범주가 발명된다." 김도현, 〈만인을 위한 노동사회 유니버설 디자인〉, 《한국장애학회 학술대회 자료집》, 2018년 5월.

회사가 차마 문을 걸어 잠그진 못하지만 암묵적으로 꺼리는 몸도 있다. '까라면 깔 수 없는' 조건의 노동자. 야근과 주말근무를 못할 가능성이 크고 몇 개월에서 몇 년은 휴가를 써야 하는 몸들. 바로 출산과 육아를 담당하는 여성들이다. (어떤 영역에선 '꺼리는 몸'을 우선 고용한다. 팔리지 않는 노동력의 가격은 저렴하기 때문이다.)

어떤 몸이 비용을 전가하기에 유리한가는 '누가 더 능력 있는가'라는 말로 미화된다. '그녀'들은 깜짝 놀란다. 자기계발에 그토록 힘써왔는데 능력 없는 사람이 되다니. 놀라는 것도 잠시, 출산휴가 후에도 책상이 존재한다는 사실에나마 안도해야 한다.

마음껏 소모할 수 있는 몸

소모할 수 없는 몸은 불편한 시선을 한몸에 받는다. 출산과 육아는 당연히 걸림돌 취급이다. 조나단은 7년차 대리이자 레즈비언이다. 책임도 업무도 과중하다. 회사 입장에서 조나단의 몸은 경력 단절 없는 노동력이다. 쓸쓸함을 동반한 이로움이 커리어를 보장한다("나는 결혼이나 육아를 할 일이 없으니까 내가 일을 못하지만 않는다면 회사에서 나를 건드리지 않을 거야").

여성학자 전희경이 '여자 냄새' 지우기라고 표현한,[11] 공적 공간에서 인정받기 위해 여성성을 지우는 행위는 결국 출산과 생식까지 제거하기에 이른다. 우리에게 '능력'을 키우고, 모든 것을 자원화하고, 가능하면 성적 자원마저 활용하라고 가르쳐온 사회이지만 정작 이건 말해주지 않았다. 여성성은 우위의 자산이 될 수 없다는 것. '여자답게' 잘 꾸며봤자고, '여자답게' 예쁜 말 해봤자다. '여자 냄새' 나는 마늘의 콜센터 동료들은 배운 대로 고객에게 친절하지만, "높은 사람 바꿔" 같은 소리나 듣게 된다. 취업을 앞둔 20대 여성들은 격한 비명을 지른다.

"남자인 게 스펙이죠!"

남성(성)이 스펙인 것이 맞다. 취업 기회는 물론 임금도 승진 속도도 다르다. 그런데 더 많은 월급을 받고, 앞서 승진하고, 육아노동을 피할 기회가 있는 남성들의 인생도 그렇게 행복해 보이지는 않는다. 가장의 고단함 따위를 말하려는 것이 아니다.

마음껏 소진시킬 수 없어 '무능력'이란 타이틀을 얻은 몸이 있다면, 그 반대편에는 소진시키기 좋은 몸이 있다. 쓸모를 증명받기 위해 계속적으로 제 몸을 소진해야 하는(그것을 기대받는) 성별. 효율 좋은 노동자를 원하는 기업은 어떠한 질환도 없는 '신체 건강한' 노동자를 선별해(채용 건강검진) 입사

---

11   전희경, 《오빠는 필요 없다》, 이매진, 2008.

시킨다. '가슴도, 호르몬도, 육체도 없는' 노동자는 기본값이된다.[12] 병가나 임시휴직 등 보장제도가 단발성이거나 현실에서 무용한 것은 그 때문이다.

남성 노동자는 '육체가 없다고' 취급할 수 있어서 선호된다. 그러나 육체 없는 노동자는 없다. '건강한' 남성 직원이 열정적으로 쓸모를 증명해도 쉽게 소진되지 않는 까닭은 그가 타인의 노동력에 의존하기 때문이다. 그를 먹이고 입히는 '집안의 노동자',[13] 아내, 어머니, 여자 형제가 있다. 취업 면접장에서 여성들이 '여자 냄새'를 지우겠다고(비혼, 비출산) 답해도 좋은 점수를 받을 수 없는 이유 또한 여기에 있다. 기업에게도 '집안의 노동자'는 소중하다. 기업은 누가 최종적으로 비용을 부담하는지 정확히 알고 있다.

'진짜 사나이' 세계의 입장료

'여자는 안, 남자는 밖'이라는 어딘가 시대착오적인 것 같은 이 말은, 그러나 숱한 노동자들의 발목을 잡는다. 여자 발목만 잡는 게 아니다. 초등학교 교사인 우연은 승진에 목매는 게이 동료들 이야기를 해주었다.

교직에 있는 '남자라면' 승진해야 한다. 초등학교 '남교사'

---

12 "어머니가 되면 모든 것이 충돌한다. 서로 분리돼야 할 공적 영역과 사적 영역이 갑자기 한데 섞인다. …… 보수를 받고 일하는 직장에 가정의 흔적을 가지고 가야만 한다. 자기 자신과 자기 자신 이상의 그 무엇을. 그것은 그녀도, 보수 노동의 세계도 어떻게 대처해야 할지 모르는 부분이다. 경제적 인간은 모유가 나오는 가슴도, 호르몬도 없다. 그에게는 육체가 없다." 카트리네 마르살, 《잠깐 애덤 스미스 씨, 저녁은 누가 차려줬어요?》, 김희정 옮김, 부키, 2018.

는 사십 줄이 넘으면 환영받지 못한다고 했다. 젊을 때는 선호되지만 나이가 들면 학교도 학부모도 원하지 않는다.

"교장, 교감을 하려 하지 않는 남자 평교사를 되게 한심하게 바라봐요. 능력 없고 게으른 교사로."

한심한 평가를 내리는 그 속내에는 '여자 일'이 있다. 초등학교는 여교사와 남교사의 비율이 8 대 2라고 한다. 교사가 여초 직업이 된 데는 이유가 있다. 아동을 대상으로 하는 직무는 여자 일로 인식된다. 방과후수업 보조교사를 부르는 명칭조차 '방과후코디맘'이다. '맘^{mom}'이라 불릴 수 없음에도 '여자 일'을 하는 남자는 의심받는다. 결국 한심함이란 여자 일에 대한 평가다. '한심한' 일에 종사하게 된 남성들은 살길을 도모한다. '저들'끼리의 연대를 구축한다.

2019년 교내 대자보를 통해 폭로된 교육대학 남학생들의 성희롱 문화는 충격적이다. 여자 동기들의 얼굴에 평점을 매기고, 각종 성희롱 발언을 일삼아왔다. '선생님이 될 사람'들이 그랬다는 점에 놀라움을 표하면 교대 출신들은 "그런 일은 흔하다"는 말로 일축한다. 그런 일이 일어나는 공간은 재학생과 졸업생(현직 교사) 남성이 끈끈한 유대를 맺는 학내 모임(일명 '남자 소모임')이라 했다. 교단에 선다고 갑자기 형님-아우 관계가 사라질 리 없다. 오히려 강화된다. 승진과 직결되기 때문이다.

13 동명의 책에서 따왔다. 마리아로사 달라
코스따, 《집안의 노동자》, 김현지 옮김,
갈무리, 2017.

"저는 학교에서 이상한 사람이었어요. 너는 왜 승진 레이스에 끼어들지 않니? 왜 자기네들 무리에 끼질 않느냐고. 너는 왜 할 말 다 하니? 조용히 따라야지 승진 무리에 끼니까. 거기는 완전 권위적 분위기에, 연차대로 술 받고 난리도 아니에요. 승진을 하겠다고 생각하면 그 무리에 낄 수밖에 없어요."

한국에서 승진하려면 라인을 잘 타야 한다는 말이 있다. 교무주임-교감-교장으로 뻗어가는 승진 라인. 길목마다 '형님'들이 있다.

'형님'이 따라주는 술을 마시지 않겠다고 우연이 버틸 수 있는 것은 아직 '젊기' 때문이다. 나이가 들수록 선택의 순간은 다가온다. 게이 교사는 표면적으로는 독신 남성으로 보인다. 공개적으로 가정을 꾸릴 수 없는 이들이다. 그런데 한국에서 남성이 '사람으로' 가치를 증명하는 방법은 두 가지뿐이다. 여자와 부(능력). '영웅 호색한'이라는 캐릭터에 여전히 열광하는 사회다. 나이 든 독신 남자 교사가 평교사로 머문다? 어떤 가치도 입증하려 하지 않는 사람. '한심'을 넘어 '하자'가 아닌지 의심받는다.

그래서 게이 교사들은 선택을 하고야 만다. 게이는 계집애라 여기는 형님들에게 술을 따른다. 가부장제 남성성을 실천하고 재생산하는 방식으로 보호막을 만드는 것이다. '진짜 사나이' 세계의 입장료는 더 강도 높은 패싱이다.[14]

---

[14] 반면 우연은 혁신학교(기존 교사의 일방향식 지식 제공 교육과정에서 벗어나 실험적으로 운영하는 공교육)로 자리를 옮겨 권위주의적인 교직 사회에서 한걸음 멀어졌다. 동료 교사, 학부모 등이 보내는 편견에 찬 시선에서 온전히 벗어난 것은 아니지만, 나름의 방안을 마련하는 중이다. 성소수자 노동자들은 기존 질서에 포섭되지 않으면서도 자신이 감당할 피해를 줄일 수 있는 전략과 선택을 끊임없이 모색한다.

우연

"남자 동성애자, 초등학교 교사, 기독교 신자라는 세 개의 정체성
이 있다. 교사로서의 정체성이 가장 크면 좋겠는데, 성 정체성 때
문에 교사 일에 투입할 에너지를 많이 소비한다. 기독교 모태 신
앙인으로 평생 교회를 다녔다. 정체성을 인정받지 못하니 (숨기
기 위해) 교회에서도 에너지를 많이 쓴다."

#지정성별_남성 #30대 #비수도권_거주 #게이 #초등학교_정교사

조나단

"레즈비언. 화장품 회사 홍보부에서 일하고 있다."

#지정성별_여성 #30대 #수도권_거주 #레즈비언 #중견기업_홍보팀

유리천장과 흡연 공간

남교사들과 달리 여자들은 평교사로 퇴직하는 일이 자연
스럽다. 경쟁을 비껴간 여성 교사들의 업무는 편할까. 승진과
무관한 잡일이 몰려온다고 한다. (때로 그것은 계약직 교사들에게
전가된다.) 여성의 승진 기회를 박탈하는 사회 구조는 '유리천

장'에 비유된다. 천장 아래 여성들은 이제 무얼 하나. '내조'를 한다. 그러면 직장을 그만두고 '가정'에만 머무나? 그럴 리가.

여성들은 대표적인 공적 공간이라는 일터에 꾸준히 진출하지만, 그곳마저 끝내 공적 영역이 되지 않는 경험을 한다. '본디 여자의 자리는 가정'이라는 말이 여성들의 발목을 잡는다. 반면 남성이 존재하는 곳은 그 어디건 공적 영역이 된다. 심지어 그곳이 은밀하고 사적인 장소일지라도. 접대의 향연이 벌어지는 룸살롱도, 사내 흡연 구역도 마치 비밀 장소처럼 보이지만, 그곳에서 공적인 결정이 이뤄지는 일은 빈번하다("회의에서 결정된 게 없는데도 담배 한 대 피우고 오면 다 결정된 것처럼 이야기 나오는 거"). '출입금지'를 붙인 것도 아닌데 특정 성별만의 공간이 된다. 사내 옥상에서 담배를 태우는 여성조차 찾을 수 없다. 여성 흡연 인구가 100만 명이라는 통계가 무색하다.

공적 영역에 들어서지 못하는 것은 여성들만이 아니다. 미디어에 등장하는 극소수의 트랜스젠더가 모두 여자 몸을 하고 있음을 떠올려보자. 트랜스남성은 방송을 통해 공적 장소에 모습을 드러내는 것을 '허락'받지 못했다.[15]

트랜스남성이 공적인 공간에서 남성임을 입증한 채 등장한다? 쉽지 않다. 남성은 '태어나는 것이 아니라 만들어지는 것'[16]이기 때문이다. 남성으로 만들어지려면 남성성을 확인받

---

15   물론 트랜스여성이 앞서 방송에 등장할 수 있던 이유에는, 여성이 상품화되기 더 수월한 성별이라는 이유도 있다. '특이한' 여성의 몸은 판매 가능성(시청률, 광고 효과 등)이 있다.

16   "여성은 태어나는 것이 아니라 만들어지는 것이다"라는 유명한 구절에서 따왔다. 시몬 드 보부아르, 《제2의 성》, 조홍식 옮김, 을유문화사, 1993.

는 치열한 전투를 치러야 한다. 다른 이들이 보기에 다소 유치한 전투 방식도 있다. '민증 까기', 형님-아우 서열 정하기, 키·근육·성기 크기 경쟁 같은 것들 말이다. 미디어는 화장실에서 남성끼리 '그곳을' 힐끔거리는 장면을 마치 우위를 정하려는 동물들의 행위처럼 묘사하곤 한다. 그렇게 일생 동안 진짜 '사나이'를 판별하려는 힐끔거림에서 벗어나지 못한다.

더 나아가 확고한 성적 주체임을 서로(남성)에게 증명해보이기 위해 여성을 비하하거나 정복하려 한다든지, 소유물 취급하는 행위가 따라온다(남학생 소모임의 '여학우' 얼굴 평가는 이런 전통을 모범생처럼 답습한 결과다). 아니, 남자답지 못한 것은 모두 비하 대상이다. 심지어 남성인 자기 자신도 포함된다.

그러나 퀴어 인권활동가 준우가 지적한 대로, 남성들 사이에서는 "아무도 고백하지 않은 암묵적 합의가 있다". "그 누구도 완벽한 남성되기를 완수할 수 없"다는 것이다.[17] 처지가 불안하니 경계한다. 치열하게 지켜온 것을 거저(?) 얻겠다는 존재를 용납하지 못한다. 저들에게 내줄 공적 세계의 자리는 없다. 모두가 파수꾼이 되어 '이' 세계를 지킨다.

---

17 "그 누구도 완벽한 남성되기를 완수할 수 없지만 아무도 고백하지 않은 암묵적 합의가 있다. 남성은 들킬 위험의 비밀을 매개 삼아 집단의 공통된(즉 평범한) 남성성을 공유한다." 준우, 〈트랜스남성은 어떻게 한국 남자가 되는가〉《한국남성을 분석한다》, 권김현영 엮음, 교양인, 2017.

아담 혹은 이브의 노동

파수꾼들의 노력까지 더해져 여자-남자 자리는 고정된다. 이분법적 기준으로 판단할 수 없는 존재는 문 뒤에 세워둔다. 아담과 이브만 존재하는 세상. 신이 아담에게 땀 흘려 노동하는 고동을 주고 이브에게는 임신하는 고통을 주었다고 성경은 말한다. 공감 가는 부분은 '고통'이다. 사는 것이 고통이다. 다만 아담과 이브가 받은 고통은 땀 흘리거나 피 흘리는 데 있지 않았다.

세상을 아담 혹은 이브로 나눠 바깥 노동과 가정 내 노동이라는 위치와 성별 역할을 고정시켜버린 그때, 고통이 탄생했다. 누군가 배제되고 차별받는 고통은 세상에 아담과 이브밖에 없다는 성별 이분법과 함께 작동할 수밖에 없다.

남과 여, 우리는 이 단어가 동전 앞뒷면을 이룬다고 생각한다. 흔히 동전의 양면처럼 여겨지는 단어들이 있다. 앞과 뒤, 해와 달, 빛과 어둠, 부자와 거지 그리고 남자와 여자. 우리는 이 쌍들 중 어느 것을 앞에 놓아야 하는지 바로 판단할 수 있다. '뒤와 앞'은 어색하다. '여자와 남자'도 마찬가지다.

'남자' 다음에 오는 '여자'의 순서는 현실에서 성^姓에 'ㄱ'자가 들어가는 남자 초등학생이 1번을 배정받는 것으로 이어진다. 여자 학생은 15번부터다. 그게 승진 순서가 되고, 사회적 지위가 된다. 세상을 둘로 나누는 이분법은 a와 b를 만들어내지 않는다. 그건 a와 a 아닌 것의 조합일 뿐이다. a는 a 아닌 것을 뒤로 보낼 수 있다. "a가 아닌 것을 사용하고 배치하고 규정할 수 있는 a의 권력"[18]이 존재한다.

그 덕에 '여자'의 노동은 앞에 설 수 없다. "여자가 어디 감히"라는 말은 여자가 있을 곳을 알려준다. 그러게. 여자가 있을 곳은 어디일까. "보이지 않은 손이 닿지 않은 곳에 보이지 않은 성(姓)이 있었다."[19] 기존 경제학을 여성의 관점으로 비튼 카트리네 마르살은 이렇게 묻는다. 애덤 스미스가 《국부론》을 집필하는 동안 식탁에 따뜻한 스프 접시를 놓는 손은 누구의 것이었냐고. 그의 어머니인 마거릿 더글러스, 즉 여성의 보이지 않는(보려 하지 않은) 노동이 있었다.

여성의 노동은 보이지 않음에도 어디에나 존재해야 했다. 노동시장은 여자들을 필요에 따라 내쫓거나 비정규직으로 만들기는 해도 아예 내몰진 않는다. 여성 노동은 '쓸모'가 있다. 문제는 그 쓸모가 '하위' 노동으로서의 쓸모라는 것. 집안의 노동자이자 경제 상황에 따라 임시노동으로 사용되는 편리한 쓸모는 산업예비군(실업군이자 예비노동력)으로 존재해, 사장님들에게 "너 말고 일할 사람 많아" 같은 대사를 선사한다.

노동의 위계란 쓸모에 따라 나뉘는 것처럼 보이지만, 실은 위계가 먼저 존재하고 거기 맞춰 쓸모를 구분하는 경우가 많

18 정희진, 〈여성주의는 양성평등일까?〉, 《양성평등에 반대한다》, 정희진 엮음, 교양인, 2016.

19 카트리네 마르살, 앞의 책.

다. 위계를 나누기 위해 쓸모의 차이를 부각하기도 한다. 예를 들어, 시설 보수/정비 기능이나 고객 서비스 업무가 부차적인 일로 인식된 것은 기업들이 '아웃소싱(외주화)'할 업무를 선별하면서부터였다. "박해의 목적은 어디까지나 박해일 뿐이네, 고문의 목적도 고문이고 말일세." 조지 오웰이 말한 대로다. "권력의 목적도 권력 그 자체"[20]이고 위계의 목적도 위계다. 위계에 따라 쓸모가 나뉜다. 그러므로 여자/남자로 구분되지 않은 몸은 쓸모가 없다. 다양한 색을 가진 몸은 위계와 비용을 매기는 데 혼란을 줄 뿐이다. 혼란을 주는 몸은 입장 자체가 차단된다.

지워지지 않는 색

특정 성별의 노동값 36.7퍼센트가 사라지는 마술을 부리는 직장에는 여자와 남자가 있다. 아니, 여자와 남자만 있다. 다른 색들은 보이지 않는다. 일터는 기업이 칠한 위계의 색으로 가득하다.

별수 있나. 다채로운 색을 가진 이는 선택지가 없다. 굶어 죽든가, 불안정 노동을 전전하다가 병들든가, 자식의 정체성을 열린 마음으로 받아주고 돈까지 많은 부모를 바라든가. 그

<hr />

20 조지 오웰, 《1984》, 정회성 옮김. 민음사, 2003.

래서 이들은 (어쩌면 마늘처럼) 여자와 남자라는 엄격한 성별 구분에 맞춰 자신을 잘 숨기고 능숙히 연기할 수 있다고 큰소리치는지도 모른다. 달리 선택할 길이 없으니까.

이런 다짐은 많은 여성들이 면접관 앞에서 보이는 자신감과 같은 종류로 보인다. 여성들은 면접장에 가서 큰소리친다. 가정과 직장의 일을 병행할 수 있다고. 자신을 무한정 소모할 수 있다고. 둘 다 제대로 해내지 못할 것이 분명한데도. 그럼에도 답한다. 저들이 묻기 때문이다. "임신해도 회사 일을 병행할 수 있겠습니까?" 그 자신감은 배제되지 않으려는 자의 자기최면이다.

누군가를 배제하고, 누군가를 위계의 밑바닥으로 끌어내려 유지되는 사회에서 우리는 최면 걸린 삶을 살아낸다. 잘 버틸 수 있다고 믿는 당신 옆에, 자신의 존재를 숨긴 채 쓸모와 '정상'의 문턱을 넘어 당신의 옆자리에 앉은 성소수자들이 있다. 이들은 '퀴어'로서 지니는 빨강, 주황, 노랑……의 색을 버리고 세상이 칠한 색으로 존재를 썼다 지웠다 반복한다. 그러나 지워지지 않는다. 존재하기 때문이다.

성소수자와 비혼

〈성적지향과 성별정체성에 따른 차별 실태조사〉에 따르면, 비혼으로 인한 차별이 있었는지를 묻는 질문에 양성애자/동성애자 여성 8.7%가, 남성은 13.5%가 차별 경험이 있다고 응답했다. 취업 시장에서 결혼하지 않았다는 사실이 남성에게 더 큰 불이익으로 작용한다는 점을 알 수 있다.

한편 구인구직 플랫폼 '사람인'에서 2,008명을 대상으로 '결혼과 직장생활'이 어떠한지를 물은 설문조사에서는 여성 54.2%가 '결혼이 직장생활에 방해가 된다'고 답했다. 이 중 76%는 육아와 직장을 병행해야 하는 것을 이유로 들었다. 취업 시장에서 결혼이 성별에 따라 다르게 적용되고 있는 것이다.

성소수자(동성애자)들에게 법적 비혼(일 수밖에 없는 조건)은 여전히 차별 요인이다. 직장에서 차별을 경험한 적이 있느냐는 질문에 양성애자/동성애자들 다수가 "임금 외 금품 지급이나 사내 복지제도 혜택"과 관련해 차별(7.1%)을 겪었다고 응답했다. 임금과 복지제도가 '가족' 중심으로 이루어지기 때문인데, 이는 각종 상조휴가에도 적용된다. 동거하는 파트너의 가족상에는 참석할 수 없거나 개인 연차를 사용할 수밖에 없다.

키워드 5. '어린 여자' 정체성

'여자', 세상이 나를 읽는 방식

하늘은 인터뷰를 하다가 주옥같은 직장 생활 팁을 남겼다. 거래처를 오가는 일을 한다면 알아둘 만하다.

"거래처 방문 시에는 과일 말고 '하루 견과'를."

거래처 손님이 사 온 과일을 누가 깎을 것인지 눈치 싸움하기도 지친 '여사원' 하늘이 경험에서 우러나와 하는 이야기다. 사무실에 분란의 원인을 제공하지 말자.

"여름 되니까 거래처에서 꼭 수박을 두 덩이씩 사 와. 여자가 잘라야 해요. 팀장이 회의 때 이것도 사회생활이라고 그러는 거예요."

하늘은 중소기업 회계 부서에서 근무한다. 자기소개를 해달라고 하니 단박에 '퇴사하고 싶은 사람'이란다. 퇴사하고 싶기도 하겠다. 입사하고 팀장에게 들은 말이 "여자가 뽑혀서 후계자가 없다"였다. 회사에 취직을 한 건지, 가부장제 가족 단위에 '시집온' 건지 헷갈리게 하는 이런 말은 20대 여성들의 경험에서 심심치 않게 등장한다.

"여자가 많이 뽑힌 거죠. 그때 회사가 발칵 뒤집어졌어요. 이렇게 여자가 많아서 어떻게 하냐. 나중에 얘네 결혼하고 애 낳으면 한 번에 없어지잖아 어떡해. 그래서 들어오자마자 너무 기분이 나빴어요."[1]

정말로 부장은 하늘에게 일다운 일을 주지 않았다. 하늘은 일을 신속하고 깔끔하게 한다는 평을 듣지만, 부장의 '후계자'는 될 수 없다. 앞으로도 중심 업무를 맡게 될 가능성은 없어 보인다. 6년 차 여자 선배를 보면 알 수 있다.

입사 이래 의아함은 계속됐다. 입사 동기인 남자 직원과 자신의 전화 말투가 똑같은데 왜 자신만 상냥하지 않다는 훈계를 듣는지. 자신은 회계 팀인데 왜 업무분장표에 의전이 있는지. 그러는 사이 의사 결정을 내릴 수 있는 직무는 남자 동기들의 몫이 됐다.

"대학 때까지는 그래도 내가 ○하늘이었는데 취업하는 순간, 그냥 넌 여자다. 넌 여자다. 계속 알려주는 거예요."

1   류형림, 〈20~30대 여성 20명의
    일 경험을 통해 본 청년 노동의
    현실과 대안〉,《청년 노동, 말하는
    대로: 20~30대 여성들의 일 경험을
    중심으로》, 한국여성민우회 정책토론회
    자료집, 2015.

성소수자 노동에 대해 물어보려 만난 자리였으나, 하늘의 머리는 '여자'로 가득하다고 했다. "내가 여자인 것만으로도 이 정도인데. 레즈비언인 것을 밝히면?" 고개를 절레절레했다. 회사에 들어오기 전만 해도 하늘은 '여자'에만 국한되어 산 적 없었다. 학교에서 '예쁘다'보다 '멋있다'라는 말을 더 많이 들어왔다. 집에서는 공부 잘하는 딸이었다. 딸보다는 '공부 잘하는'에 초점이 맞춰졌다. 4년제 대학에서 회계학을 공부했고 전공을 살리고 싶었다. 그러나 스물 몇 해 역사는 취업 문턱에서 무시됐다. 회사에 들어오자마자 하늘은 자신이 '여자'임을 알게 된다.

지금 하늘의 머리가 '여자'로 가득한 이유는, 그의 정체성이 '여자'와 '퀴어'로 양분되기 때문이 아니다. 그 정체성들이 '세상 살기 편함'을 놓고 우위를 다투기 때문도 아니다. 사람들이 하늘을 오로지 '여자'로만 '읽어내기' 때문이다. 프리터로 살아가는 규원이 이런 말을 한 적 있다. 알바를 하니 정말 오랜만에 여자로 대해졌다고. 그런 '대함'이 있다.

"사람들이 나를 읽어내는 방식이 있는데. 퀴어 정체성으로 읽는 게 아니라, 여성으로 쉽게 읽잖아요. 나는 저 사람들에게 무엇을 하든 '여자'로 읽히는 거죠."[2]

하늘은 자신을 여자 말고는 어떤 것으로도 읽어내지 않는 회사에 다닌다. '성별'에 따른 기대와 역할이 고스란히 하늘

---

[2] 규원(바이섹슈얼, 식당·편의점 아르바이트)과의
   인터뷰.

의 업무로 치부된다. 그 노동에는 남자 직원보다 더 친절하게 말해야 하고 성을 뗀 이름으로 불리고 손님이 오면 다과를 내오는 싹싹함까지 포함되어 있다.

우리 자신이 무엇이든 간에 사람을 '읽어내는 방식'에는 '성별'이 있다. 그런 읽어냄이 우리의 노동을 규정한다.

하늘

"정체성을 말한다는 게 너무 어렵다. 내 정체성은 여성, 레즈비언, 노동자, 제3세계 지방인. 벗어날 수 없어 슬프다. 너무 우울하긴 하지만, 현재 내 답은 그렇다."

#지정성별_여성 #20대 #비수도권_거주 #레즈비언 #중견기업_회계팀

다음 생에는 '마동석'으로?

인터뷰를 하며 흥미로운 점을 발견했다. 자신의 정체성을 소개해달라고 요청하면 (지정성별) 여성의 경우 반복해 자신을 '여자' 또는 '어린 여자'라고 불렀다. 심지어 자신을 '남성'이라고 규정한 정현(트랜스남성)마저, 회사의 대우를 빗대며

자신을 '여직원'으로 소개했다. 반면 자신을 '어린 남자'라고
밝힌 이는 드물었다.

카페에서 일하는 혜민은 고객들에게 성희롱을 당할 때면
동료와 농담 삼아 이런 말을 한다고 했다.

"다음 세상에는 '마동석'으로 태어나자."

마동석은 우락부락 근육질 몸을 지닌 남자 배우다.[3] 혜민
은 '어린 여자'라서 손님들에게 횡포를 겪는다고 생각한다.
같은 여자라도 연령이 높은 매니저급 직원에게는 손님들이
상대적으로 점잖게 구는 것을 발견한다. 아르바이트를 하는
이혜는 '진상'을 부리던 손님이 남자 직원 앞에선 태도가 돌
변하는 것을 본다. 미리는 사무실 '여직원'으로 홀로 앉아 남
자 상사들의 하대와 농담을 한 귀로 흘려보낸다. 그 순간, 이
들은 자신이 '어린 여자'임을 곱씹는다.

인터뷰에 응한 (지정성별) 여성들은 직장에서 하는 일을
'여자 일'이라 불렀다. 그런 게 있다. "커피 타는 사람은 정해
져 있는 노동"에서부터 "더 상냥해야 하는 일"을 거쳐 "주요
업무에선 늘 빠지게 되는 상황"까지 다양한 그것, 해본 여자
들은 안다는 '여자 일'이라는 것이 있다.

하늘의 이야기로 돌아가보자. '여자 일'을 거부해서 사회
생활을 잘 못하는 신입 사원으로 찍힌 하늘은 이직을 준비 중
이다. 젠더라는 구조적 한계를 개인의 능력으로는 타파할 수

3 '마동석'의 자리는 그때그때
   교체되는데, 취업을 앞둔 여성에게는
   '공대 남자', '장교 출신'으로 바뀌기도
   한다. 기업이 선호하는 특성들이다.
   이때 전제되는 것은 '남성'이라는
   성별이다.

없음을 깨닫지만, 시스템으로 눈 돌릴 만큼 현실은 녹록지 않다. "1년 차로서 할 수 있는 게 없어요." 하늘은 문제를 개인적으로 해결할 수밖에 없었고, 현재 내린 답은 퇴사다. 퇴준생[4]의 길에 들어섰다.

하늘은 공기업 공채를 준비한다고 했다. 왜 공기업이냐 물으니, '여자가' 민간 기업에 취업하긴 이미 늦은 나이라고 했다. 20대 후반. 크리스마스 케이크처럼 여자는 25세가 넘으면 값이 떨어진다는 성차별 농담이 기업에서도 통한다. 20대 중반 나이에 취업에 성공하지 않으면 '늙은 여자' 취급당한다. 동시대를 살지만, 취업 시장에서 여성은 남성과 전혀 다른 시간을 산다. 이 또한 의아하다. 면접을 볼 때는 나이를 너무 먹어 탈락하는데, 막상 입사를 하면 '어린 여자'다.

사내에서 발언권이 없다. '어리기' 때문이다. 주요 업무가 주어지지 않는 건 당연하다. 그래서 "어른 대접 받는 것이 20~30대 여성의 공적인 삶에 있어서 초미의 관심사"[5]다. 여성학자 전희경은 20대~30대 초반 여성들에겐 "호칭과 말투에 대한 엄청나게 정교하고 세분화된 판단 기준과 각종 노하우"가 있다고 했다. 한마디로 누가 자신을 하대하는지에 민감하다는 것이다. 방심하면 하대당한다. 자신이 공적으로 어디에 위치하는지를 끊임없이 살피게 된다. '어른'이 되기 위한 몸부림이다. 그러나 이들의 어른 됨을 막는 것은 나이가 아니

---

4 '퇴사 준비생'을 줄여 이르는 말. 직장에 다니면서 창업이나 이직을 위한 준비를 하는 사람을 가리킨다. 취업 준비는 더는 일회성 사건이 아니게 됐다. 스스로를 개선하고 계발하라는 신자유주의의 가르침은 평생을 지배한다.

5 전희경, 〈'젠더-나이체제'와 여성의 나이: 시간의 서사성을 통해 본 나이 경험의 정치적 함의에 관한 연구〉, 이화여자대학교 박사학위 논문, 2012.

다. 성별이다.

"젊은 여성들은 공적인 장에서 동등한 발언권과 자율권을 얻기 위해 '어린 여자로 보이지 않는' 옷차림을 선호한다. 그런데 그 옷차림이란 '나이 든 여자로 보이는' 옷차림이 아니라 '중성적인(즉 남성적인)' 옷차림이다. …… 여성들은 사회적 권위를 표시하는 누군가의 옷차림을 모방한다. 그러나 그 누군가는 연장자 여성이 아니라 연장자 남성인 것이다."[6]

어리게 취급받는 주요한 이유가 '여자'라는 성별 자체임을 알기에 '여자 모습'을 털어내려 한다. 성공한 상사의 표준 모델은 남성이다.

7년 차 대리인 조나단이 승진에서 살아남은 여성들의 외양을 설명해준 일이 있다. 남자라 말하기도 애매하고, 전형적인 여자 차림은 아닌 모습을 설명하다가 이런 예를 들었다. "여자대학의 전형적인 학생회장 모습, 학기 초에 선생님들이 '네가 반장해라'라고 지정하는 여자 학생" 같은 외양.

"회사 내 업무도 정치잖아요. 임원은 진짜 난사람이고. 팀장까지만 가려고 해도. 여성이 카리스마도 있고 그래야 하는데. 오래 살아남고자 했을 때, 신입 사원에게 원하는 여성상을 그때까지 바라는 건 아니거든요. 결혼 안 했으면 이쪽(퀴어)이라고 해도 믿을 것 같은 여성이 우리 회사에도 몇 분 있고요."

6   같은 글.

여자인데 잘할 수 있겠느냐고 묻는 조직에서 '잘할 수 있음'을 보이려면 '여자'를 떼어내야 한다. 직장은 물론이고, 교사마저 '여성스러운' 외양을 능력의 부재로 본다. '여자 차림'을 하지 않은 학생을 선택해 책임을 지운다. 여자 차림을 하라고 가르치면서도 정작 여자 차림을 하면 능력을 인정해주지 않는다. 조나단도 말한다. 기업에서 어떤 책임이 따르는 지위를 부여받는 여자 상사는, 낮은 직급일 때 선호하는 여자와는 다른 여자라고.

유리천장을 깨고 성차별을 개선하려는 회사의 제도적 노력이 없기에 '여직원'은 스스로 '여자'를 떼어낸다. 남자와 여자밖에 없다는 세상에서 '어린' 여자를 버리면 남성이 남는다. 이들을 '명예 남성' 또는 '톰보이(전략)'라 부른다.

잦은 이직

조나단의 말처럼 임원과 관리자 직책에 오르는 여성은 소수의 '난사람'이다. 매출액 500대 기업 여성 임원 비율은 3퍼센트를 밑돈다(2018년 기준). 저 3퍼센트와 무관한 다수의 '여사원'들은 어떻게 될까. 만약 하늘이 공기업 입사에 실패한다면? 운 좋게 다른 사기업으로 옮긴다 해도, 다시 막내급 직원으로 지내야 한다. 이전 직장에서 보낸 1년은 경력이라 할 수도 없다. '여사원'의 '어림'이 그대로 유지된다. "서른 살에 막내인 것 실화냐." SNS에서 어떤 여성 직장인이 말했다. 한두명이 하는 소리가 아니다.

어린 취급, 불공평한 업무 배분, 역할 모델 부재는 퇴사와 취업 준비를 반복하게 한다. 경력은 쌓이지 않고 연봉도 근속도 성과도 막내 몫만큼만 주어진다. 이들에겐 '남성의 옷'을 입을 기회조차 오지 않는다.

잦은 이직은 성소수자들의 오랜 고민거리이기도 했다. 성별 이분법이 엄격한 직장 문화를 견딜 수 없기에 퇴사를 선택한다. 신입 사원이 평균 1년 2개월 만에 뛰쳐나오는 직장은 성소수자들도 정붙일 수 없는 곳이다.[7]

거듭된 이직은 여성과 성소수자 모두를 미로에 빠지게 한다. 고정된 성 역할이라는, 출구가 보이지 않는 미로 말이다. 문화인류학자 김현미는 "낯선 환경에서 낯선 동료들과 빠르게 만들어야 하는 형식적 친밀성이 결국 '여성적' 자질을 쌓기를 강요한다"[8]고 지적한 바 있다. 새로 입사한 여자 사원은 잘 웃고 싹싹해야 한다. 그래야 낯선 사람들 '입에 오르지 않고' 적응할 수 있다. 잘 웃지 않는 여성은 어딘가 이상하다. 동료의 안부를 먼저 챙기지 않는 여성은 배려심이 부족해 보인다. 눈치, 배려, 친절은 이 사회가 여자 몫으로 남겨둔 것이다.

7 일본 성소수자 연구 및 컨설팅 그룹 '무지개빛 다이버시티'가 2013년 1,125명을 대상으로 한 조사에서 전체 응답자의 전직률이 51%인 데 비해 성소수자들의 전직률은 60%였다. 샤노 요코, 〈'성적 소수자'가 일하기 좋은 직장은〉, 일다, 2014. 1. 19.

8 김현미, 〈청년 여성의 일과 이동의 좌충우돌 생애사: 해법의 모색〉,《청년 노동, 말하는 대로: 20~30대 여성들의 일 경험을 중심으로》, 한국여성민우회 정책토론회 자료집, 2015

이를 수행해 '평범한' 여성임을 보여야 한다.

다른 한편, 남성에게는 이른바 '사회생활'이라는 것이 요구된다. '다나까나'로 말끝을 맺는 군대 문화가 버젓이 유지되는 직장도 많다. 신입/막내 남성 직원이 해야 할 역할은 정해져 있다. '신입답게 행동하라'는 흔한 이야기는 위계로 범벅되어 있다. 짐 상자가 눈앞에 있을 때 누가 옮겨야 하는지. 누가 다과를 준비해야 하는지. 그곳에는 품성이 아니라 위계가 있다.

낮은 지위에 머물수록 성별 규범의 전형과 맞닿아 있는 자질을 요구받는다. 어쩔 수 없다. 공기만 마시고 살 수는 없으니 짐이 보이면 뛰어가야 하고 과일이 오면 칼을 들어야 한다. 그렇게 새 직장에서 '여자와 남자로' 적응한다. 못하겠다면? 퇴사를 고민한다. 그렇게 잦은 퇴직이 시작된다.

발버둥치는 노동

여성이 같은 사무실에서 일하는 성소수자의 존재를 모른다 해도, 또는 알게 된 후 어떤 감정을 갖게 될지는 몰라도, 둘 사이에는 흥미로운 공통점이 있다. 요즘 같은 시대에, (주로 사무직 이야기겠지만) 일터에서 생존하기 위해 비슷한 방법을 사

용한다는 점이다. '쇼잉showing'하고, '적응'하고, '경계'에 선다.[9]

'쇼잉'이란 "일을 '열심히' 하고 '많이' 하고 있다는 것을 끊임없이 보여주는 방식"이다. 그래야 성과 싸움에서 유리한 고지를 차지하는 남성 동료에게 밀리지 않는다. 의욕적인 모습만 보여서는 안 된다. 여성 직원에게 기대하는 품성인 친밀과 배려까지 제공해야 한다. 세심하고 사려 깊으면서도 명랑한 모습으로 연출이 필요하다. "○○ 씨가 오니까 사무실이 다 밝아지네" 같은 말을 듣는 노동이다.

과장된 노동은 성소수자들의 전략이기도 하다. 존재를 숨기기 위해, 더 열심히 일한다. 일만 해서는 안 된다. 성과를 인정받아야 한다. 그래야 "자를 수 없는 사람"이 된다. 일하는 티를 낸다. 누군가의 표현으로는 '나댄다'. 나서는 동시에 정체성을 들킬까봐 움츠린다. 애매하고 모순적인 상황에 자신을 놓을 수밖에 없다.

"그러니까 누군가 전력질주를 해서 80을 하면 나는 최소한 100이나 그 이상은 하자라는 주의로 해요. 그러니 항상 피곤해요. 왜냐면 꼭 필요한 사람이 되고 싶어요."[10]

단지 '잘리고 말고'의 문제가 아니다. 밤이 되면 자리에 누워 떠올린다. 혹시라도 '존재'가 밝혀졌을 때 사람들이 자신에게 지을 표정을. 다음 날 회사에서 더 꼼꼼히 일을 챙긴다.

"일을 더 잘하려는 게 있는 거 같아요. 나중에 제 정체가

9   류형림(한국여성민우회 여성노동팀)의 글 〈20~30대 여성 20명의 일 경험을 통해 본 청년 노동의 현실과 대안〉(한국여성민우회의 정책토론회, 《청년 노동, 말하는 대로: 20~30대 여성들의 일 경험을 중심으로》, 2015)을 참조했다.

10   행동하는성소수자인권연대 노동권팀, 《나, 성소수자 노동자》, 2011. 11.

밝혀졌을 때, '쟤가 그거라서……'라는 생각은 무의식적으로라도 눈곱만큼도 안 들게 하고 싶어요."[11]

'그거'로 자신이 불리는 일이 없기를 바라며 질주한다. 과정에서 '적'을 만들어서도 안 된다. 폭로될 것이 있다는 위축감이 늘 발목을 잡는다. 조직 생활을 해본 사람들은 알겠지만, 일에 욕심을 내면서도 동료나 상사와의 갈등을 피하는 일이 얼마나 어려운가. 적어도 늘 웃는 얼굴일 게다. '쇼잉'한다. 웃는 얼굴 뒤편에는 슬픔이 있다. 게이 정체성을 가진 인터뷰이가 자신을 소개하며 들려준 말이 떠오른다.

"저는 울지 못해 웃는 사람이에요"

웃는 모습을 사람들에게 보여준다. 그렇게 웃고 있으면 '정상'인들로 가득한 일터는 오늘도 평온하다. 여성들도 생글생글 잘 웃는다. 웃지 않으면 지적받기 때문이다. 어쩐지 평가로 남을 것 같다. '젊은 여자' 옷을 탈피하고자 하지만 그렇다고 조직이 기대하는 여성성을 버리지도 못한다. '그녀'들은 어딘가 모호한 여자 연기를 하고 있다.

이들은 온전히 적응하지도 벗어나지도 못한 채 '경계에 선다'. 동료이자 '꽃'이면서 '여자애'이고 '꼬맹이'[12]인 '여자', 그러나 동시에 '여자'여서는 안 되는 여자(사내 스캔들, 성폭력 피해자인 여자). 이 많은 이름들 사이를 헤매는 여성 직원들 옆에, 패싱으로 '퀴어'와 '정상'의 경계에서 외줄타기를 하는 성소

---

11 소유(게이, IT업계 종사자)와의 인터뷰. 12 "같이 퇴근을 하는데 그분이 전 회사에 다니던 누군가와 통화를 하는데. '어, 나 지금 우리 꼬맹이랑 같이 나가는 길이야.' 언제 내가 네 꼬맹이가 되었나 싶었어요" 류형림, 앞의 글.

수자들이 있다. 여성과 성소수자라는 무게를 모두 짊어진 채 일해야 하는 이도 있다. 어쨌거나 모두 살아남기 위해 발버둥 친다.

"여자인 것만으로도 이 정도"

'쇼잉'을 지적한 글에서 설문에 응한 여성들은 다음과 같은 노동환경을 바란다고 했다. "안정적인 고용, 체계적인 업무 분담, 정시 퇴근, 서로를 착취하지 않을 수 있는 조직 문화, 육아휴직 보장……."[13]

성별과 정체성을 가리지 않고 누구나 바라는 근무 조건이다. 실은 모두 알고 있다. 저 조건 중 어느 하나도 쉽게 이룰 수 있는 것이 없다. 정시 퇴근만 하더라도 인력 충원과 업무 배치 문제가 함께 풀려야 한다. 직장 문화는 회사 이윤 창출 시스템의 결과. 그러니 실타래 하나를 풀어내는 데도 총체적 난국에 부딪힌다. 손쉽게 할 수 있는 것은 '꼰대' 상사 욕밖에 없다.

한 설문에서 직장인 97퍼센트가 상사에게 갑질당한 경험이 있다고 응답했다.[14] 꼰대 상사는 평균 1년 2개월이라는 첫 직장 근무 기간을 단축시키는 주범이지만, 그 또한 기업 경영

---

13 같은 글.

14 구인구직 포털 '인크루트'가 2018년 4월 직장인 898명을 대상으로 한 설문조사 결과.

의 결과물이기도 하다. 기업은 성과주의 시스템을 도입하고 이를 유지하기 위해 촘촘히 위계를 설정한다. 서열과 경쟁이 만나면 '우리'가 사라진다. 관계는 단절되고, 한 줌 권력을 휘두르는 개인 밑에 줄을 서거나 웅크리는 개인이 생긴다.

상사는 '또라이'로 치부되는 동시에 '형님'이 된다. 형님 연대가 굳건해지는 사이 여성들은 배제된다. 그 위계의 밑바닥에 '어린 여자' 직원이 있다. 그 옆에서 말 못할 비밀을 가진 성소수자는 자신이 선 자리를 유지하기 위해 부단히도 애쓴다. 그 자신이 (하늘처럼) '어린 여자'이기도 하고, 때로 그와 반목하기도 한다. 개인적으로 찾을 수 있는 살길은 좁디좁다. 직장 갑질을 당하지 않았다는 3퍼센트의 사람은 드라마에서나 보았던 능력자이거나 사장 친인척일 게다.

"내가 여자인 것만으로도 이 정도인데. 레즈비언인 것을 밝히면?"이라던 하늘의 물음을 소환할 필요가 있다. 여자인 것으로 충분히 힘들다. 사실이다. 하지만 여자이기만 한 사람은 없다. 여성이라는 범주뿐 아니라 성(적)정체성 그리고 계급, 인종, 신체적 요소 등이 '그녀'의 삶을 결정한다.

회사는 하늘에게 "너는 여자"라고 콕 집어 말하지만, 실은 '여자'만 활용하지 않는다. 하늘에게 요구되는 성별 규범은 정상과 비정상을 가르는 위계 없이는 만들어지지 않는다. 소수자 정체성을 하위에 둔 성별 위계는 하늘의 몸과 노동을 훑고 지나간다. '여자이기만' 할 수 없는 하늘에게 그 경험은 중층적 고통이 되고 삶이 된다. "여자인 것만으로도 이 정도"라는 말을 절로 하게 하는 세상의 위계가 있다. 몸과 몸이 하는 노동, 아니 인간 자체를 줄 세운다.

대기업 직장 문화를 파악하기 위해 인터뷰를 했던 이가 한 말이 있다. 한참을 상사의 갑질과 남성연대 사이에서 설 곳 없는 여자 처지를 이야기하다가, 마지막으로 "무엇에 주목해야 할까요?"라고 묻자 이리 대답했다.

"파견 사무직원이요."[15]

인력업체에서 파견되어, 자신과 같은 사무실에서 관련된 업무(사무 보조)를 보지만 2년을 채우지 못하고 다른 사람으로 교체되는 직원이 있다. 직장 서열에서 가장 하위를 차지하는 동시에, 섬처럼 무관한 존재로 인식되는 이들. '1~2년짜리' '어린' '여자' '파견직'. 사람이 얼마나 소모품처럼 쓰이고 버려질 수 있는가를 확연히 보여주는 이 직위는 세상의 위계를 활용해 만들어진다.[16] 저렴한 노동력의 탄생은 이윤을 만들어낸다. 모든 존재에는 이유가 있다. 위계가 존재할 때 이득을 얻는 이들이 있다. 그러니 존재한다.

---

15 대기업 직장 문화를 취재하기 위해 만난 여성이다. 그때 나눈 이야기 일부를 이 책에 옮겨본다.

16 '여자 일'이라고 해서 모두가 동일한 역할을 맡고 있는 것은 아니다. 같은 여성일지라도 계급, 고용 형태, 학력, 나이에 따른 위계가 존재한다. 탕비실 청소, 사무실 책상 정리, 화분 물 주기 등 소위 잡일이라고 표현되는 '사내 살림'이 실업고(특성화고) 출신 막내 여성 직원에게만 주어지는 일은 흔하다.

성소수자와 월 소득

〈한국 LGBTI 커뮤니티 사회적 욕구조사 보고서〉에 따르면, 응답자 중 월 평균 소득(세전)을 150만 원 이상 250만 원 미만으로 응답한 비율(35.5%)이 가장 높았다. 전체 응답자의 평균 근로소득은 267.7만 원이었는데, 이때 레즈비언이나 여성 양성애자가 남성(게이, 양성애자)에 비해 월 소득이 낮았고, 트랜스젠더의 경우 트랜스남성이 월 평균 212만 원, 트랜스여성이 187만 원으로 가장 낮은 소득을 보였다.

또한 트랜스젠더는 전체 LGBTI 커뮤니티 구성원에 비해 학력, 소득 수준이 낮고 고용 상태가 불안정한 편이다. 고졸 이하 학력을 가진 트랜스젠더가 32.5%로, 이는 전체 성소수자 응답자의 고졸 학력 비율인 14.0%에 비해 매우 높은 비율이다.

퀴어 교사들이 세상을 바라보는 법

초등학생들이 노는 것을 지켜보다 놀란 적이 있다. 상대가 자신들과 조금이라도 다르다 싶으면 그것을 빌미로 편을 나누고 놀려댔다. 안경 쓴 사람, 머리 짧은 사람, 치마 입은 사람, 필통 없는 사람. 무리에 끼지 못하는 한두 명을 놀리며 깔깔 웃었다. 악의는 담겨 있지 않았다. 그저 놀이였다.

아무래도 차이를 발견하기가 더 쉬우니까. 놀라기도 했지만 어느 정도 자연스러운 일이라고 생각했던 것 같다. 그런데 아니었다. 차이를 발견하고 나누는 훈련이 교육과정 안에 있었다. 초등학교 교사인 성연에게서, 여/남을 나누고 남자 학생들에게 앞 번호(1번)를 붙이는 교실 문화에 대해 들었다. 학생이 스무 명 남짓 되는 학급에서 구태여 여자와 남자를 구별

하고 번호를 붙인다. 학생들은 배운다. 사람은 관리의 편의를 위해 줄 세워질 수 있다는 것을. 앞줄에 서는 집단은 늘 정해져 있다는 사실도 함께 배운다.

성연은 바꿔보려 했다. 교무회의 때 의견을 말했다. 학생들에게 번호를 붙이지 않거나 붙여야 한다면 여자/남자로 나누지 말자는 제안이었다. 별것 아닌 듯하지만 젊은 평교사가 회의 자리에서 의견을 내는 일 자체가 엄청난 사건이라 했다. 성연 역시 교직 생활을 통틀어 한 첫 발언이었다. 학급만 나이 권력과 성별 위계로 굴러가는 게 아니었다. 결론을 말하자면 성연의 제안은 받아들여지지 않았다. 반발이 컸다. 여자와 남자를 나누지 않는다는 문제의식보다, 젊은 선생이 기존 관습을 바꾸려 한다는 데 대한 거부감이 더 컸던 것 같다고 했다.

교육 현장에선 여러 일이 일어난다. '동성애 언급 금지' 내용이 담긴 성교육 표준안 지침서가 내려오기도 한다. 성소수자에 대한 교육은 할 수 없다. 학생들이 서로를 비하하는 말로 '게이'라는 용어를 쓰고 있는 교실에서 말이다. (뜻있는 교사들이 '동성애 언급 금지' 등의 지침 폐지를 요구하는 중이다.)

몇 해 전 페미니스트 교사가 필요하다는 발언이 폭격을 맞았다. 공격의 많은 지분을 차지한 것은 동성애 혐오였다. "아이들을 동성애자로 만들 거냐"는 공격이 받아들여지는 학교 현장을 보며 성소수자 교사들은 또 한 번 설 곳을 잃는다. 그

'동성애자'가 '아이들'을 가르친다는 소문이 퍼진다면?

없다고 하면 없는 존재가 되는 것이 아니니, 성적지향과 정체성에 따른 혼란을 겪는 학생들이 눈에 들어온다. 손 내밀어주지 못한다는 부채감만 커진다. 그 자신도 과거에 성소수자 학생이었다.

여기 한때 선생님이 되고 싶었다는 루카가 있다. 중학생 때 루카는 자신이 동성을 사랑하는 성향임을 깨달았다. 크게 혼란이 오진 않았다. 주변 교사들에게 상담할 수 있었고 그들에게 지지받았다.[1] 루카의 장래희망은 교사가 됐다. 자신도 누군가에게 손 내밀어줄 수 있는 선생님이 되고 싶었다. 그러나 사립 고등학교로 진학한 후에는 자신을 지지하는 교사를 만날 수 없었다. 전교조 교사도 색출되는 학교였다. 나 자신도 지키지 못하는 상황에서 누군가를 돕는다는 것은 꿈 같은 이야기구나, 깨달았다고 했다.

성소수자 학생이 교사가 되기는 쉽지 않은 일이다. 학생으로 살아가기도 쉽지 않다. 성소수자 청소년 3분의 1가량이 학창 시절 아웃팅에 시달린 경험이 있다고 한다.[2] 학원강사 일을 하는 부영도 고등학교 시절, 동성애자 '색출'을 위한 설문조사를 교사에게 강요당한 경험이 있다. 버젓이 존재하는 사람을 없는 사람 취급하더니, 이번에는 잡초 뽑듯 솎아내려 한다. 그 선별 과정에서 자신의 옛 모습을 떠오르게 하는 성소

---

1   루카는 이들을 '전교조 선생님'이라는 정체성으로 묶어 이야기했다. 교직원 노동조합에서 활동을 하는 교사였기에 학생인 자신을 통념이 아닌 다른 시선으로 본 것이라 추측한다.

2   〈청소년 성소수자 생활실태조사〉 결과, 청소년 135명 중 41명(30.4%)이 아웃팅을 당한 경험이 있다고 응답했다. 아웃팅을 당한 후 교사나 친구들로부터 부당한 대우를 받은 적 있다고 답한 이는 18명(51.4%)이다. 강병철 외, 한국청소년정책연구원 연구보고서 〈청소년 성소수자의 생활실태조사〉, 한국청소년개발원, 2006.

수자 학생을 지키려는 교사들의 노력과 자책이 있다.

"누군가는 저 선생님도 나와 같구나 생각하며 기댈 수 있을 거예요."

학원 강사인 양돌 눈에도 '나와 같은' 학생들이 보인다. 농담처럼 하는 소수자 비하 단어('게이냐?', '레즈냐?', '[장]애자', '병신' 등)에 상처를 입는 학생들이 있다. "사람을 지칭하는 말을 욕으로 쓰면 안 된다"고 정정해준다.

부영은 학원에 갈 때 일부러 화장을 하지 않는다. 치렁거리는 긴 머리와 '여성스런 옷'이 곤혹스러운 학생에게 보여주기 위해서다. 나만 다른 것이 아니구나, 안도할 수 있도록. 비성소수자 학생들을 향해서도 하고 싶은 말이 있다. 여자라고 해서 꼭 화장을 해야 하는 건 아니라고. '여자는 이래야 하고, 남자는 저래야 한다.' 여자와 남자를 나누는, 저 굵고 단단해 보이는 선을 우리가 다르게 그릴 수 있다고 말하고 싶어 했다.

우리는 선을 그어 나누고 나뉘는 일상에 익숙하다. 그러나 선 긋기에 의해 배제되거나 몸을 숨긴 경험이 있는 퀴어 교사들은 조각난 세상을 다른 감수성으로 바라본다. 교사가 다른 시선으로 본 세계가 교실에 전해진다. 그렇다고 퀴어 교사들이 해괴망측한 무언가를 가르치는 것은 아니다. 남자 줄 여자 줄 따로 세우는 일을 하지 않을 뿐이다. 자리를 정할 때 남녀로 굳이 짝을 짓지 않을 뿐이다. '남자답게/여자답게 살아라'

말하지 않을 뿐이다. 다만 '나답게 살라'고 가르친다.

한편 성소수자 교사는 '가르치는 스승'으로만 교육 현장에 존재하는 것이 아니다. 학교(학원)는 성소수자 교사의 직장이다. 성소수자 학생이 숨죽이는 곳에서 교사 또한 정체성을 감춘다. (급식실 조리사, 도서관 사서, 방과후교사, 공익근무요원 등 학교 안 노동을 구성하는 모든 직종에 성소수자는 있다. 이들 또한 존재를 숨긴다.)

'우리에겐_페미니스트_선생님이_필요합니다' 해시태그 운동이 일어났을 때 청소년 인권활동가 공현이 지적한 대로, 학교에 정말 필요한 것은 좋은 스승인 페미니스트 교사 한두 명이 아니다. "페미니즘적 학교, 페미니즘적인 교육 환경, 페미니즘적인 교육제도". 이를 시스템으로 만들려는 노력이 필요하다.[3]

제도를 요구할 수 있는 동력은 페미니스트 교사와 학생을 비롯해 학내 구성원들에게서 나온다. 성소수자 인권에도 같은 말을 적용할 수 있겠다. 퀴어 교사와 학생이 서로를 연대자로 '발견해낼 수 있는' 작업이 필요하다. 서로가 서로의 기댈 곳이 되는 존재임을 알아보는 일은 교육 현장에서 계속되고 있다.

---

3 "'#우리에겐_페미니스트_선생님이_
필요합니다'라는 말은 페미니스트 교사
개개인을 부각시키는 측면이 있다. ……
교육에 한하여 말한다면 우리에게 정말
필요한 것은 페미니스트 교사라기보다는
페미니즘적 학교, 페미니즘적인 교육
환경, 페미니즘적인 교육제도이다."

공현, 〈페미니스트 교사는 '왜'
필요한가?〉, 《청소년신문 요즘것들》,
2017. 12. 16.

직장에서 어떤 차별을
겪고 있나요? ③

대인 관계

• **양돌(게이)**: 감정노동이 두 배가 된다. 남들을 이해시켜야 하기 때문이다. 사람들과 대화할 때, 나의 상황을 이성애자의 시선으로 다시 재현해서 이야기해야 하고, 말하기 전에 머리를 계속 굴려야 한다. 사람들이 이해를 못하지 않을까, 혹시 잘못 이야기해 오해를 사지 않을까 고심한다.

• **성연(퀘스처너리)**: 이 나이대 여자라면 관심 가질 법한 주제일 거라 생각하고 결혼, 연애 이야기를 꺼내신다. "이제 시집가야지" 이런 말. 좋은 분들이고 친해지고 싶은 마음에서 한 말이라는 것을 알기에 정색하기도 곤란하다. 결혼을 하지 않겠다고 밝혔을 때, 뒤따를 질문들과 그 질문에

답해야 하는 나 자신을 생각하면 복잡하다.

- **규원(바이섹슈얼)**: 말하는 관계는 말하지 않는 관계와 다를 것 같다. 나는 선을 정해놓고 말한다. 그래서 관계 맺음에 대한 기대가 없다. 내가 어떤 것을 사랑하고 어떤 것에 집중하는지, 그런 이야기를 나눌 수 없으면 더 좋은 관계 맺음을 할 순 없을 거고. 지금 일터는 그저 시간을 때우는 곳이라고 생각하는 것도 그런 이유 때문인 것 같다.

차별의 자각

- **소유(게이)**: 예전에는 애인을 숨겨야 하는 게 차별이라고 생각하지 못했다. 그러다가 성소수자 인권활동을 시작하면서 차별에 대해 다시 생각해보게 됐다.

- **혜민(바이섹슈얼)**: 내가 차별받은 적이 있나? 하는 생각이 든다. 왜냐하면 내가 퀴어인 걸 사람들이 모르니까. 그런데 바로 그게 차별이라는 생각이 든다. 퀴어노동이라는 것은 분명 존재하지만, 숨겨지는 방식으로 소비되어왔다고 생각한다.

포기해야 하는 것

• **강표(게이)**: 승진이나 경쟁을 피한다. 내가 이렇기 때문에.

• **마늘(젠더퀴어)**: 포기해야 하는 직장이 너무 많다.

• **채연(에이섹슈얼)**: 일상적인 대화, 사람들이 다 한다는 그런 평범한 대화. 감정의 동요 없는 평온함. 이해받고 싶은 마음. 솔직해지고 싶은 심정. 이런 것들을 포기했다면 포기한 걸까.

4부

능력

"나처럼 우는 방법을 잃어버린
많은 사람들이
어딘가에 돈을 내고
열심히 땀을 흘리고 있었다."[1]

1   이랑, 〈세상 모든 사람들이 나를
     미워하기 시작했다〉, 2집 앨범 '신의
     놀이'(2016) 수록곡.

©한국게이인권운동단체 친구사이 '낙타'

키워드 6. 정규직

안정된 직장이라는 '함정'

강표에 대한 첫인상을 말하자면, 솔직히 부러웠다. 아직 이런 직장이 있구나. 취재 때문에 비정규직, 기간제, 파견직 같은 고용 형태만 쫓다가 강표가 말하는 평생직장 이야기를 듣자니 적응이 안 됐다. 강표는 공무원이다.

"경쟁이 없어요."

강표에게 장그래의 〈미생〉(TvN, 2014)은 드라마 속 이야기일 뿐. 전제가 있긴 하다. 승진에 관해 마음을 비울 경우다. "일단은 잘릴 걱정이 없으니까. 저는 큰 욕심이 없거든요."

태생이 소박한 것은 아니다.

"내 약점들 때문에 뭘 못하겠는 거예요. 남들과 경쟁 관계가 되는 것도 그런 의미에서 두렵고. 그래서 더 안정적인 직장을 찾게 된 거고. 공무원은 경쟁 같은 것 안 해도 평생 자리를 보장해주니까요."

강표는 자신의 성적지향이 밝혀진다면 직장에서 해고나 불이익을 당할 것을 염려하는 사람들 중 하나였다. 자신을 '울지 못해 웃는 사람'이라고 했다. "어떤 연구 결과에 그런 게 있대요. 우울한 표정을 짓는 게 훨씬 더 힘들다고. 굳이 더 힘들게 할 필요가 있나. 울지 못해 웃고 있어요." 강표는 남자를 사랑한다.

강표는 자신의 정체성을 '약점'이라고 했다. 약점이 드러날 가능성이 적은 직종을 찾았다. 경쟁이 적고 안정성이 높아 상대를 흠집 낼 필요가 없는 직장에 종사하기 위해 2년간 고시 생활을 했다. 무거운 가방을 메고 집과 학원을 오가는 거리에서 느꼈던 박탈감에 대해 그와 잠시 이야기를 나눴지만, 알 것 없는 사람들 눈에 강표는 '철밥통'을 차지한 성공한 인생이다.

그런데 바로 그 안정성이 강표를 위협한다.

"직장 동료들이 평생 간다, 이 사람이랑 계속 같이 근무를 해야 한다, 그런 게 있으니까. 소속감이 강해요. 서로 챙기고 알려고 하는 게 있어요."

정년이 보장되는 몇 안 남은 직장. 내 옆의 동료와 끝까지 함께한다는 생각이 강하다. 소속감을 강조하고 서로 일상을 공유하려 든다. 여기서 문제가 생긴다. 한국 사회에서 인기 있는 사생활은 연애와 결혼(가족)이다.

20대 중반 나이에도 강표는 결혼 압박을 받는다. 그래서 가상의 여자친구를 만들었다. 그 애인과 이별도 한다. 가짜로 할 수 없는 결혼이 걱정이다. "팀 사람들은 거의 다 결혼했어요." 책상마다 아기 사진 하나씩 올려놓은 풍경이 '일반'이다.

강표는 동료들의 관심에서 자신을 지킬 필요가 있으나, 숨길수록 괴리가 생긴다. 평생 가면을 쓰고 살아야 하나. 강표는 성적지향을 밝힐 수 없는 상황을 스스로 납득해보려고 한다. "직장 동료라 해도 내 잠자리까지 밝힐 필요는 없는 거잖아요." 곧 체념하긴 한다.

정규직이라 행복한 이들도 상대적 박탈감에 시달린다. 내 삶이 '일반'과 다른 궤적을 걷는다는 생각 때문이다. 또 다른 정규직, 초등학교 정교사인 우연은 다른 동료들의 삶을 "그림이 그려지는 삶"이라고 표현했다. 어디선가 본 듯한 삶. 아파트에 층층이 들어선 집들마냥 정형화된, 그러나 같아서 안심되는 삶. 우연은 자신이 이 그림에서 벗어나 있다고 했다.

"그냥 제 길을 가는 거라 생각해요. 그런데 그렇게 마음먹기까지 굉장히 외로웠어요."

보기에도 착실하고 바른 학생이었을 것 같은 사람. 그런 이가 사회가 인정하지 않는 길을 가기로 마음먹었다. 우연은 '평범하게' 결혼하고 자녀를 낳는 삶에서 멀어졌다. 동료 교사들은 대부분 서른 전에 결혼을 한다고 했다.

"보통 100명 중에 3명만 결혼 안 한다고 하더라고요. 그 세 명이 되게 이상한 사람이 되는 거예요."

그 셋 중 하나인 우연은 덤덤하나 걱정한다.

강표

"정체성에 대한 질문을 처음 받았을 때 너무 난감했다. 나는 누구인가. 밝은 사람. 그런데 밝기만 한 건 아니고, 울지 못해 웃는 사람. 사회성 좋고 두루두루 잘 지내는 것 같지만."

#지정성별_남성 #20대 #비수도권_거주 #게이 #공무원_정규직

비정규직, 곧 사라질 사람

셋 중 하나가 될 것을 걱정할 필요 없는 성소수자들도 있다. 같은 교사지만 B는 결혼에 대해 다른 말을 한다.[2] 그의 동

---

2 《나, 성소수자 노동자》(행동하는
   성소수자인권연대 노동권팀, 2011. 12)에
   담긴 게이 기간제 교사 B씨의 이야기다.
   《나, 성소수자 노동자》에서는 그에게 결혼
   압력이 강하게 오지 않는 까닭을 안정적
   일터의 특성상 비혼 남녀 교사들이
   많기 때문이라 보았다. "이 학교 남자
   기간제들은 나이가 서른 대여섯 되어도

   비혼인 사람들이 많아서 자기 차례까지
   결혼 압력이 오지 않는 편이라고 한다.
   그것도 너무 나이(결혼적령기)가 지난
   비혼 동료들에게는 크게 압력이 없거나,
   술자리에서 이어준다는 말은 많이 하는데
   정식으로 소개팅 제의를 하지는 않는
   편이다. 오히려 회사보다 개인적이라는
   것이다."

료 중에는 서른을 넘기고도 결혼하지 않은 사람이 많다. 그는 기간제 교사다. 연애해야 한다고 주변에서 말은 많이 하지만 막상 이성을 적극적으로 소개해주는 사람은 없다. 이유야 알 만하다. 비정규직 기간제 교사는 '정규직이 그리는 그림'에 낄 수 없다.

그 그림은 익숙하고도 낯설다. 어디서 많이 본 듯하지만 그렇다고 '우리'의 삶이라고 할 수는 없다. 부모 세대가 걸어온 길이다. 경제가 호황을 누리던 시절 중산층 부모들의 삶. 그 삶을 답습할 수 있는 건 한 줌의 사람들뿐이다. 20대에 무슨 결혼인가. 월세 내고 학자금 갚기도 버겁다.

기간제 교사 B는 강표나 우연과 공통분모(성별과 성적지향)를 지녔지만, 간극도 커 보인다. 노동시장 내 지위로 보면 B는 오히려 정현과 더 공통분모가 많을지도 모르겠다. 앞서 몇 차례 등장한 정현은 트랜스남성으로 비정규직-파견 직원이다.

2000년대 이후 노동의 경직성을 해소한다는 시도는 비정규직, 계약직, 파견직을 일반적인 고용 형태로 만들어놓았다. 파괴된 것은 안정이있다. 정현과 같은 20내 취업사 중 적시 않은 수가 사무 보조 등 분야에서 파견 직원으로 일하고 있다. 인생 첫 직장이 1년짜리다. 정현의 첫 취업은 고용노동부 취업상담 프로그램을 통해 이뤄졌다. 소개해준 곳은 정부 사업을 위탁받아 시행하는 업체였다. 그 후 세 차례 직장을 옮겼는데, 무슨 일을 하든 연봉 2,000만 원 미만, 1년 계약으로 동일한 조건이었다. 그 외에도 야근 수당이 없다든가 정규직은 받는 수당이 주어지지 않는다든가 하는 공통점이 있었다.

정현은 동료들과 사적인 대화를 거의 하지 않는다고 했다. 동료라 부를 사람도 별로 없다. 남성 사원만 있는 팀에 정현의 업무만 따로 '여자' 파견직원을 둔 거라, 어딘가 외떨어졌다. 그래서 강표가 말한 "내 잠자리를 밝힐 필요"를 상대적으로 덜 느낀다. 강표의 고용 형태와 정현의 그것이 전혀 다르기 때문인데, 회사에서 정현은 1~2년 일하고 사라질 사람이다. 강표를 힘들게 하는 '평생 갈 사이라 더 챙기려는' 문화가 없다.

정현 입장에서는 마음이 편할지도 모르겠다. 우연 또한 교실에서만 종일 시간을 보낼 수 있다는 점을 만족해한다. 강표는 동료들의 챙김과 오지랖이 부담스럽다. 누군가는 관계의 단절이라 하고, 누군가는 섬이라 표현하고, 누군가는 군중 속의 고독이라 말하는 관계들. 이성애/성별이분법 중심의 언어가 판을 치는 공간에서 이들은 말문을 닫아버렸다. 저마다 차별을 경험하는 중이다.

'생계형 아르바이트' 굴레

그리고 여기, 아르바이트 노동자가 있다. 불안정 노동이면서 도무지 사장과 직원 그리고 고객들과의 거리 두기가 가능하지 않은 일터. 을 중 을이다. "사장 나오라 그래"를 외치는 고객들과 "얼굴 보고 뽑는다"는 말을 당당히 내뱉는 사장 사이에서, 성희롱을 겪거나 폭력에 노출되더라도 대처할 방법이 딱히 없다.

"손님들이 저를 삼촌이라고 부르는데, 저는 남자가 아니에요."

카페 알바를 하며 나이스는 자신의 성별정체성(트랜스여성) 따윈 알 것 없는 고객과 사장에게 시달렸다. 남자라고 말험하게 하고, 남자끼리는 괜찮다면서 함부로 몸을 부닥친다. 힘쓰는 건 남자가 해야지, 더러운 건 남자가 치워야지. 쓰레기 버리는 일 하나에도 나이스는 자신의 성을 되새김질해야한다.

알다시피 여자라고 편한 것도 아니다.

"사장이 남자 직원에게는 말을 험하게 해요. 농담으로 '너 죽여버린다'고. 여자들에게는 고분고분 말하는데, 대신 손으로 터치하거나 어깨를 만진다거나."

이들은 자신이 받는 차별과 불편을 이야기할 수 없다. 우연처럼 직장 내 개인 공간으로 들어갈 수도 없고, 정현처럼 거리 두기가 가능하지도 않다. 강표처럼 평생 볼 동료들이라는 마음으로 이해할 수도 없다. 이들에게 활로란 그만둠이다. 사장님들은 이렇게 말하겠지. "요즘 애들은 끈기가 없어서."

안타깝게도 아르바이트는 학생 때 잠시 하는 인생 경험이 아니다. 많은 이들의 생계를 책임지는 장기 일자리가 되었다. 성소수자들은 자신의 존재를 부정하는 가족과 연을 끊기도 한다.[3] 가출하거나 독립하거나 도피하거나. 한국 사회에서 '최후의 의존처'라 불리는 가족에게서 지원받지 못한다는 것은 많은 고난을 함축한다. 혼자 생계를 책임져야 한다. 남들보다 돈 들어갈 곳은 더 많은데, 노동시장은 이들을 온전히 받아들이지 못한다. 프리터로 살아간다는 규원이 아르바이트를 전전하는 또 하나의 이유는 "말하고 잘리면 그만이니까". 무엇을 말하면 잘리나? '나란 사람'이다.

게다가 지정성별과 표현성별이 같지 않을 경우, 알바 쳇바퀴의 영향력은 더 커진다. 외양이 다르면 고용하지 않는다. 그나마 기업과 국가가 양보한다며 하는 이야기는 "성전환 수술을 하고 오라"는 것. 성별 전환을 완료(?)하지 않은 이들은 트랜스젠더로조차 봐주지 않는다("수술하지 않았으면 아직 여자 아니야?"). 여자와 남자도 아닌 몸은 "잘못된 육체"로 접수된다.[4] 그래서 정정하라 한다. 육체를 '바로잡으라고' 하는 세상

3   반면 자녀의 성정체성을 인정하고 앨라이ally(지지자)로 함께 움직이는 부모들의 모임도 있다. 성소수자 부모모임은 2013년 '성소수자 자녀를 둔 부모모임' 온라인 카페 개설을 시작으로 해 지금은 인권활동 단체로 성장했다.

4   김준우, 〈성전환자가 자기이미지를 형성해가는 과정에서의 경합〉, 퀴어이론문화연구모임 WIG, 《젠더의 채널을 돌려라》, 사람생각, 2008.

에서 적잖은 수의 트랜스젠더들은 '성전환 수술'을 선택이 아니라 살아가기 위한 필수 조건으로 받아들인다.[5]

그런데 비용이 만만찮다. 평균 수술 비용만 해도 트랜스여성 1,515만 원, 트랜스남성 2,057만 원이라 한다.[6] 여기에 회복기간 동안의 생계비, 해외에서 수술할 경우 체류비까지 더해야 한다. 주로 20대에 수술을 하는데 벌어놓은 것이 있을 리없다. 빚으로 수술을 한다.

"그것('성전환 수술')만 바라보면서 돈을 모으는 사람들이 있어요. 빚을 최대한 '땡기려고' 하고. 성별 정정을 이루고 나면 남은 것은 수술비를 모으는 데 들어간 빚과 수많은 시간들. 경력이라든가 조금 더 나은 직장을 얻는 데 필요한 것들은 아무것도 이룬 게 없어요."[7]

그렇게 얻어낸 성별 정정은 대학졸업장과 비슷한 역할을 한다. 대졸이 아니면 취업 시장에 입성조차 할 수 없다. 학자금 대출까지 받아 졸업하지만 사회에 나오면 알게 된다. 졸업장 따위는 별 소용이 없다는 사실을. 그저 입장권일 뿐이다. 트랜스젠더들도 1,000~2,000만 원짜리 졸업장 같은 빚을 지고 세상에 나온다. 오직 하나, 사람들 사는 사회에 입성하기위해서다.

5   2006년 성별 정정을 인정하는 대법원 판결 이후, 통상 성별 정정의 요건에는 정신과 진단서, 생식 능력 제거, 성기 성형수술, 인우 보증서가 포함된다.

6   김승섭 외, 〈한국 트랜스젠더의 의료적 트랜지션 관련 경험과 장벽〉, *Epidemiol Health* vol.40, 2018. 3.

7   세계여/성노동자대회 월례토론회 '퀴어 노동'에서 슈라(청소년 트랜스젠더 해방으로 나아가는 튤립연대(준))가 발표한 내용 일부다. 2019. 6. 26.

나이스

"트랜스젠더 바이섹슈얼, 경미한 청각장애가 있고, 이혼 가정 자녀이고, 그 외에는 없는 것 같다."

#지정성별_남성 #20대 #비수도권_거주 #트랜스여성_바이섹슈얼 #카페_아르바이트

'운'이 모든 것을 결정한다

정체성으로 인해 빚을 진다. 밥벌이도 쉽지 않다. 그러나 인터뷰를 하는 내내 자주 들은 단어는 '빈곤'이 아니었다. 진짜 빈곤하면 인터뷰조차 할 수 없다. 빈곤에 갇힌다. 마음 내서 인터뷰를 한다 해도 가난이라는 것은 남에게 쉽게 보일 수 있는 소재가 아니다. 대신 자주 들은 단어는 '운'이었다. "운이 너무 작용하는 거 같아요", "저는 운이 좋은 편이었는데".

지인 덕에 직장을 구하게 된 것도, 커밍아웃 후에도 회사에 계속 다닐 수 있는 것도 '운이 좋아'라고 표현됐다. 운이 자꾸 거론된다는 것 자체가 시스템의 부재를 말해준다. "운이 너무 작용한다"는 말을 처음 들은 건 청소년 성소수자에게서

였다. 학교에서 정체성이 드러났을 때 폭력과 징계의 대상이 될지, 그냥 넘어갈지, 이해받을지 알 수 없다. 오직 '운'에 달렸다고 했다. 그 과정에서 본인이 할 수 있는 건 없다. 어떤 교사와 친구를 만날지는 복불복이다. 학교가 성소수자 학생을 대하는 매뉴얼을 갖고 있지 않기에, 모든 것을 '운'이 결정할 수밖에 없다.

정체성을 내세운 차별을 금지하는 법적 제도가 우리 사회에 없다. 커밍아웃 이후 발생하는 일터 괴롭힘을 예방할 수 있는 교육이나 내부 규약도 없다.[8] 해고, 괴롭힘, 불이익을 피했다면 그것은 '운'의 작용이다. 제도와 안전망이 없을 때 운이 거론된다.

그리고 또 하나. '운'을 긍정적으로 언급하는 이들에게는 공통점이 있었다. '운이 좋았다'라고 말할 수 있는 사람은 지정성별이 남성이거나 표현성별과 지정성별이 일치해 패싱이 가능한 몸을 지닌 경우가 많았다. '운'은 운이 아니다. 운이라 표현되는 또 하나의 자원이다.

'운'의 유무는 간극을 만들어낸다. 같은 세대라 할지라도 정규직이 된 20대와 비정규직-알바 인생 20대 사이에는 커다란 격차가 있다. 요즘 세상에 정규직이 되려면 (집안의) 문화·경제적 자본이 필요하다. 정부와 교육 통계 자료만 봐도 소위 'SKY 대학'에 고소득층 자녀들이 집중되어 있는 것을

---

8 최근 주목받고 있는 법적 장치는 '직장 내 괴롭힘 금지법'이다. 2019년 7월 16일부터 시행된 '직장 내 괴롭힘 금지법'은 직장에서의 지위를 이용해 다른 노동자에게 신체적으로나 정신적으로나 고통을 주는 행위를 금지하는 법안이다. 성소수자 노동자에 대한 혐오나 차별 등을 막을 최소한의 법적 근거가 만들어졌다고 기대된다.

볼 수 있다.[9] 자녀 교육 3요소라던 '할아버지의 재력, 어머니의 정보력, 아버지의 무관심'은 이제 교육을 넘어 정규직 획득 요건이 되었다.

사람들은 이제 정규직을 새로운 '신분'이라 부른다.[10] 신분 질서가 유지되려면 명분이 필요하다. 정규직의 고귀한 피를 입승하는 것은, 자기관리와 노력의 성취로 주어지는 지위라는 상상이다. 상상이라 부른다. 예상할 수 있듯, 운동장 때문이다. 운동장이 기울어졌다. 성취는 불안 요소가 적절히 제거된 이들의 리그에서 일어나는 일이다. 이를 지적하는 사람은 많다. 듣지 않는 사람도 많다. 이미 기울어진 땅에서 미끄러지지 않으려고 죽어라 뛰고 있는 이들에겐 순진한 꼰대 소리일 뿐이다.

그리고 여기, 성취를 방해하는 커다란 불안 요소 중 하나인 소수적 정체성. 학창 시절에는 아웃팅, 왕따, 학교(교사) 폭력에 노출될 위험이 있다. 운이 없다. 학업에 집중하기 힘들다. 사회에 나오면 면접 기회를 박탈당한다. 뽑혀도 이직이 잦다. 정규직이 된 성소수자들은 그런 위험 요소들을 '이겨낸(극복한)' 이들이기도 하다. 그러나 의지와 노력조차 '패싱에 유리한 몸인가' 하는 조건에 영향을 받는다.

젠더퀴어인 마늘을 보자. 사범대 학생이지만 교사가 된 마늘의 모습을 떠올리기란 쉽지 않다. 앞서 언급한 모든 것을

---

9   한국장학재단은 국가장학금 지급을 위해 대학생들의 경제적 형편을 조사하는데, 2018년 1학기 서울대·고려대·연세대 재학생 중 고소득층은(10분위, 9분위) 46%로 집계됐다. 그에 비해 기초생활수급자 계층은 3%를 차지했다. 더불어민주당 김해영 의원실 발표, 2018년 10월 기준.

10   수직적 계층 이동이 불가능한 체제를 신분사회라 한다. 통계에 따르면, 대학 졸업 후 첫 직장이 중소기업인 졸업자가 대기업 정규직으로 이동한 비율이 7.5%에 불과했다. 한국고용정보원 통계 조사. 2015. 5.

'이겨내고' 마늘은 대학에 왔다. 그러나 졸업과 임용의 필수 조건인 교생 실습조차 나갈 수 있을지 미지수다. '여자인지 남자인지 모를' 교생을 받아줄 학교가 있을까. 인생 군데군데 장벽이 놓인다.[11]

이를 증명하듯, 〈한국 LGBTI 커뮤니티 사회적 욕구조사 보고서〉는 트랜스젠더가 다른 조사자들에 비해 학력과 소득 수준이 더 낮고 고용 상태가 불안하다는 조사 결과를 보여준다. 고교 졸업자 70퍼센트 이상이 대학을 간다는 시대에 고등학교를 졸업하지 못했다고 응답한 트랜스젠더가 30퍼센트를 넘는다. 어떤 몸은 운이 없다.

우리 몫이 아닌 지나친 성공

성소수자들, 특히 패싱 가능성이 적은 (성소수자임을 숨길 수 없는) 이들은 흙수저라 불리는 경제적 하위 계층의 운명과 유사해 보인다. 자원이 없다는 점에서다. 생계/존재를 유지하는 비용은 이렇다 할 자원 없는 개인에게 오롯이 지워진다.

트랜지션 비용을 모아야 하는데 경력도 자본도 없으니 할 수 있는 것은 아르바이트뿐이다. 성별과 외양이 다르다는 이유로 최저시급 일을 전전한다. 운 좋게 정기적인 일을 구해도

11　후에 마늘은 '여자' 선생님으로 교생 실습을 나갔다. 마늘이 적시한 성별과 마늘의 주민등록상 성별이 겉보기에 달라 해당 학교 교무부장과 면담을 진행했으나, 교무부장은 상황을 이해하고 원하는 성별(여성)로 교생 실습을 수행할 수 있도록 했다.

호르몬 투입에 따라 몸이 변하기에 한 직장에 오래 다니기 힘들다. 다시 단기 아르바이트. 모으고 또 모아도 푼돈이다. 그러다 '마이킹'(가불)을 할 수 있다는 성산업 문을 두드리게 된다. 성매매라는 낙인 또한 개인이 감당할 몫이다.

흙수저 인생은 어떤가. 스무 살도 되지 않아 월세와 밥값에 쫓긴다. 부양가족이 없으면 그나마 다행이다. 제 몸을 자본화해 투자해야 한다는데 가진 자원이 흙먼지 같다. 돈이나 벌자 마음먹지만 숨만 쉬어도 돈이 나간다. 자꾸만 밀려난다. 밀려나 다다르게 된 곳에 저임금 일터와 낡은 월세방이 있다.

여기서 의문 하나. 성소수자인데 집안도 흙수저인 경우는 어떻게 되는가. 생각만으로 답답하니 어떤 기사에서 본 문장을 불러오는 것으로 답을 대신한다. "국가는 오직 국가만이 지나치게 성공을 거두었다." 모든 비용이 개인에게 전가되는 사이, 국가만이 성공을 거두었다.[12]

흙으로 만든 수저를 쓰지 않아도, '변태'라는 소리를 듣지 않아도, 행복을 말할 수 없는 인생이 도처에 널렸다. 사람이 살면서 지불해야 할 비용이 너무 많다. 학자금 빚지고 졸업해, 대출받아 어학연수 다녀와, 무급 인턴을 거쳐 단군 이래 최고라는 스펙을 얻기 위한 비용을 개인이 감당한다. 공채 입사가 아닌 다른 인생도 있지 않느냐고? 대학 졸업장 하나 없을 뿐인데 인생 경로가 달라지는 고졸 인생을 떠올리면 그런

---

12 "사회 구조 차원의 유불리를 인정하지 않으니, 소수자에게 주는 지원은 권리가 아니라 무임승차다. '구조맹'의 항의는 국가를 향하는 법이 없다. 김학준은 논문의 결론을 '일베 이용자는 근대 한국 체제가 가장 성공적으로 산출해낸 통치 대상이다'라고 내렸다. 국가는, 오직 국가만이 지나치게 성공을 거두었다." 천관율, 〈이제 국가 앞에 당당히 선 일베의 청년들〉, 《시사IN》 367호, 2014. 9. 29.

말이 안 나온다. 사학 자본에 돈을 바치고 세상에 나왔더니 또 '투자'를 하라고 한다. 세상은 취업 준비마저 투자라고 가르치지만 '지나친 성공'은 결국 우리 몫이 아니다.

생의 모든 비용이 '개인'에게 전가되고 있다. 취업 준비 기간은 '적합한 노동력'이 되기 위한 훈련의 시간이 되어버렸다. 그러나 이 시간의 비용을 오롯이 개인이 부담하도록 하는 것이 당연한 일인가. 사회에 입장하려면 성별 정정은 필수라고 말하는 사회에서 수술비 전부를 개인이 지불하는 일은 당연한가. 우리 삶의 다른 무수한 비용들도 마찬가지다. 질문을 이렇게 바꿔본다. 무엇이 삶을 지원받을 '자격'을 만드는가.

우리가 사들인 성원권

우리는 종종 '밥 먹을 자격'이라는 말을 쓴다. 생존할 자격을 뜻하는 말이지만 심각한 의미로 쓰진 않는다. 그러나 밥 먹을 자격을 두고 스스로를 늘 의심하는 이들이 있다.

"나는 이런 사람이구나를 인정하게 되고 얼마 지나지 않아, 엄마가 차려놓고 간 밥을 먹으려고 밥을 푸는데. 하얗고 따뜻한 걸 보니까 갑자기 그런 생각이 드는 거예요. 나 같은 사람도 밥을 먹을 자격이 있나."

채연 같은 사람을 우리는 성소수자라 불렀다. 과연 밥 먹을 자격이 있는지. 그 질문이 때로 확장된다는 것을 알았다. 나 같은 사람이 살아도 되나.

채연은 정체성에 대한 이야기를 길게 하거나 감정을 드러내는 편이 아니었다. 이성 간의 로맨스와 섹슈얼리티에 열광하는 세상이 귀찮다는 듯한 말투로 인터뷰에 응했다. 그런 그도 학습된 혐오에서 자유로울 수 없었다. 지금도 인생이 우울한 시기에는 밥을 먹지 않는다고 했다. 자격을 묻는 쌀밥 앞에 당당할 만큼의 기운이 없을 땐 굶는다고 했다. 혐오의 세상에서 자신을 긍정하고 사는 일은 너무 많은 에너지를 요한다. 도대체 살아갈 '자격'은 어떻게 만들어지나.

우리가 살아가는 사회에서 그 자격이 '존재' 자체는 아닌 게 분명하다. '정상'으로 태어나자마자 '공동체'에 속해 공짜 성원권을 받을 것 같은 이들도 사실은 자격을 증명해야 한다. 사회는 존재할 자격을 자꾸 쓸모로 증명하게 했다.

쓸모를 증명하기 위해 공들여 사들인 것을 우리는 '스펙'이라 부른다. 모든 것이 비용으로 치환되는 시대. 면접장 입장권 하나를 얻기 위해 20~30대가 감당해야 하는 비용은 너무 크다. 젊음을 갖다 바쳐야 한다.

평생 경쟁하는 일이 무서워 '단기 집중' 경쟁인 시험을 선택했다는 강표도 알고 있었다. "파이는 이미 바닥났어요." 모든 획득과 성취가 개인에게 맡겨진 사회에선 결국 누가 더 잘 '구매'하는가만 남는다. 강표는 잘 구매하기 위해 공무원 시험을 선택했다. 변수가 적은 객관적 평가, 그것을 공정이라 불렀다. 어쩌면 공정은 가격 대비 효율이 좋은 선택을 위한 조건을 말하는지도 모른다.

어느새 자격은 비용을 지불할 수 있는가의 문제가 된다. 동시에 배제의 기준 역시 비용(돈)이다. "소비력이 없는 사람들부터 추방이 이루어"[13]진다. 자본주의가 태동할 당시 '쓸모 있는 자'를 만들어내기 위해 노동할 수 있는 자와 없는 자를 구분했다면(노동력 없는 부랑자의 성원권을 박탈하고 구빈원에 유폐했다), 신자유주의는 추방당하지 않을 쓸모를 화폐(구매력)로 증명하게 했다.[14]

노동할 수 없는 자로 분류된 장애인, 질환자와 구빈원 동기였던 '동성애자(성소수자)'들은 이제 쓸모를 증명하기 위해 지불해야 한다. 성원권을 구매하지 못한다면 존재와 비존재 사이를 서성이게 된다.

성소수자들이 기존 사회의 성원권을 얻기 위해서는 '남들

---

13 "신자유주의의 배제의 기준은 철저하게 '돈'이다. 소비력이 없는 사람들부터 추방이 이루어지고 있다. 그래서 부르주아 이후 가장 먼저 시민으로 편입된 노동자 남성들이 처음부터 배제되기 시작한 것이다. 실업자들이, 임시직이, 그리고 비정규직이 차례로 국민의 자격을 박탈당하고 있다." 엄기호, 〈보편성의 정치와 한국의 남성성〉, 권김현영 엮음, 《한국 남성을 분석한다》, 교양인, 2017.

14 한 예로 지역 성원권의 주요 요소인 안정적 주거지, 자본주의 사회에서 주거는 방세라는 구입 절차를 거쳐야 한다. 방세를 낼 수 있는 자격을 갖춰야 동네 주민이 된다. 임대주택 주민은 아파트 단지의 성원이 될 수 없다. 단지 내 아파트 시세만큼의 구매력이 없기 때문이다. 지불 능력이 없다면, 성원이 되지 못하고 변두리-지방 공단에 유폐된다. 또는 도심에서 밑바닥 노동을 하며 고시원이나 지하방 등 거주지로서의 기능을 일부 포기한 건축물에 의존해 지역민 자격을 유지한다.

보다' 두세 단계를 거쳐 추가 비용을 내야 한다. 이 중 가장 높은 비용을 요하는 것이 성별정정 과정이다. 정상규범에서 멀리 떨어져 있을수록 사회에 편입되기 위해 높은 비용을 지불해야 한다.

'성전환 수술' 비용은 온전히 개인 부담이다. 돈뿐인가. 수술 후 후유증도 선택에 따른 결과일 뿐이다. 값비싼 비용을 개별적으로 지불한 후에야 면접장에 들어설 수 있으며, 노동하는 국민의 권리를 얻는다. 물론 취업 문턱은 여전히 높다. 어쩌면 패싱조차 하기 애매해진 몸 때문에 취업 기회가 더 줄어들 수도 있다.

유폐되지 않으려면 구매하라

트랜스젠더가 시민권을 획득하는 일이 국가의 지원을 통해 이뤄질 순 없는 것일까. 유럽을 비롯한 OECD 가입국 중 많은 수가 트랜지션 비용을 국가건강보험제도로 지원한다.[15] 제도를 도입한다고 하면 국내에서 어떤 반발이 있을지 예상된다. 개인이 선택한 일에 국민 세금을 쓴다는 반대도 있을 것이다. 자신의 성원권을 구매 목록에서 내리지 못하는 '우리'는 타인의 성원권 또한 비용의 문제로 놓아두려 한다.

15 "118개국 중 45개국에서 호르몬 요법과 성전환 수술 중 한 가지 이상의 의료적 트랜지션을 보장하고 있는 것으로 나타났다. 유럽의 경우, 조사 대상 49개국 중에 26개국에서 의료적 트랜지션에 대한 의료보장이 적용되고 있다." 김승섭 외 지음, 《오롯한 당신》, 숨쉬는책공장, 2018.

트랜스젠더는 '사회 규범에 맞춰' 몸을 변형한다. 요구받기 때문이다. '우리'가 사회에서 요구하는 능력치에 맞춰 자신을 훈련하는 것처럼 말이다(그것을 훈련이라 부르지도 않는다. '투자'라 한다). 우리는 성원권을 구매 목록에서 빼지 못한 채, 국가의 지나친 성공을 돕고 있다.

비용 부족으로 인한 결과는 오직 개인의 책임이다. '구매할 능력 없음'은 간단히 이렇게 치환된다. 무능. 능력의 고갈을 염려하는 우리는 늘 불안하다. 자전거는 쓰러지지 않으려면 바퀴의 회전 속도를 더 높여야 한다. 운이 좋으면 쓰러지지 않는다. 자격의 소비도 다를 것 없다. 후기 자본주의 시대, "인간의 노동에 대한 식욕을 주체하지 못하"는 것은 공장이었지만,[16] 이제는 우리 스스로가 허기지다. 아무리 사들여도 허기는 채워지지 않는다. 불안하기 때문이다. 모두가 불안으로 허기진 배를 쥐고 '나'라는 자본을 확장하고 판매하기 위해 뛴다.

팔리지 않는 상품은 창고에 쌓인다. 세상에는 '보호'나 '유예'라는 이름의 창고가 무수하다. 보호작업장(장애인)과 병원(질환자)은 물론이고, 고시촌-학원가(취업에 성공하지 못한 취준생)도 마찬가지. 투자할 자산이 없는 하층 계급의 청년들은 공단 12시간 주야간 노동에 갇힌다.[17]

유폐되지 않으려면 사들여야 한다. 결혼도, 관계도, 존재

16 폴 라파르그, 《게으를 수 있는 권리》, 차영준 옮김, 필맥, 2009.
17 "공단에서 일하면 몇 푼이나마 돈을 모을 수 있다. 그들은 스스로 고립되어 지낸다. 옛 청년은 고시 공부를 하려고 스스로를 유배시켰지만, 요즘 청년은 반지하방 보증금을 위해 공단으로 귀양 간다. 그리하여 가난한 노동의 공간조차 우리는 보지 않고 산다." 안수찬, 〈그들과 통하는 길〉, 민주정책연구원 소식지, 2011. 4.

(자격)도 구매 대상이 되어버린 시대지만 늘 자격을 질문당하는 성소수자들은 평범하고 안정된 삶을 꿈꾼다. 이 모순적인 바람을 채우기 위해 비용을 지불한다.

모든 것을 구매해야 영위되는 삶. 사회적 소수자들이, 아니 '우리' 모두가 그토록 바라는, '그림이 그려지는' '일반의' '평범한' 삶이 이런 모습이라니. 이 또한 슬프고 불안하다.

트랜스젠더 성전환 비용과 부담

2017년의 〈한국 트랜스젠더의 의료적 트랜지션 관련 경험과 장벽〉 (347명 대상, 고려대학교 일반대학원 공중보건학과 연구팀, 김승섭 교수 외) 연구에 따르면, 국내 트랜스젠더 인구 규모는 20만여 명으로 추산된다. (2017년 미국 트랜스젠더 인구 규모 추산 연구는 인구 10만 명당 트랜스젠더 인구 수를 390명이라 보았다.)

응답자 중 한 번이라도 '성전환 수술'을 받은 적이 있다고 답한 이는 115명(트랜스여성 57명, 트랜스남성 58명). '성전환 수술'을 받지 않은 이유에 대해 76.6%에 달하는 이들이 "비용 부담"을 들었다.

〈한국 LGBTI 커뮤니티 사회적 욕구조사 보고서〉에 따르면, 트랜스젠더가 성별을 변경할 때 가장 큰 걸림돌은 외부 성기 수술을 받지 않은 점이었다. 수술이 필요하다고 느끼는 이가 10명 중 8명인 83.5%이었지만, 대다수가 수술 비용에 대한 부담(59.9%) 때문에 수술을 받지 않는다고 응답했다. 평균적으로 트랜스여성은 평균 1,515만 원, 트랜스남성은 평균 2,057만 원의 수술 비용이 발생한다(고환·정소 제거 수술은 300만 원, 난소·자궁 제거 수술은 400만 원, 가슴 수술은 370~530만 원, 성기 재건 수술은 1,500~2,000만 원). 이 외에도 가족의 반대, 수술의 위험성/후유증 등을 이유로 들었다.

전환 필요성을 전혀 느끼지 않는다는 5%의 응답자도 있다. 트랜스젠더 정체성을 가졌다고 성형과 성기 수술을 반드시 원하지는 않는다는 것을 드러낸다는 점에서 주목해야 할 비율이다.

또한 성기와 호르몬 관련한 수술이 아닌, 성형수술이 포함되어 있을 수 있는 '기타 수술'은 트랜스남성보다 트랜스여성이 2.5배나 더 많이 받았다. 위험성과 높은 트랜지션 비용만 해도 큰 부담인데, 외모를 변형하는 성형수술의 압박까지 받는 셈이다.

키워드 7. 공정

정체성이 밝혀져도

직장을 선택한 이유에 대해 물었다. 하늘(레즈비언)은 전공을 살려 직업을 구했으나 후회 중이고, 채연(에이섹슈얼)은 공장 일이 단기간 돈을 모으기 쉽다는 소문에 시작했으나, 역시 후회 중이다. 직장이라는 것이 그렇다. 일찍부터 돈을 벌고 싶었던 정현(트랜스남성)은 구직 사이트를 이용해 1~2년 단위의 파견 계약을 이어가고, 루카(게이)는 '월급은 안 떼어먹겠지' 하는 생각으로 공공기관 단기 계약직으로 들어갔다.

남들 다 지니고 있는 이유 같지만, 속내를 한 겹 까면 이들의 정체성이 드러난다. 돈을 벌고 싶다는 정현에게 그 이유를 물으니, 자신의 성별을 자유롭게 표현할 공간 마련(주거 독립)과 트랜지션에 드는 비용 때문이란다. 루카 또한 공공기관을 선택한 또 다른 이유로 공기관이면 사회적 기준을 준수해야 하니 성소수자나 계약직 차별에 대해 문제제기하기 용이할 것을 들었다.

성소수자들이 "잘리진 않을 것 같다"며 농담처럼 하는 말 앞에는 생략된 문장이 있다. "정체성이 밝혀져도". 늘 들킬 일을 염두에 둔다.

잘리지 않을 방도

해고가 무서운 건 무엇보다도 스스로를 패배의 원인으로 느끼게 한다는 것이다. 어떤 사유로 해고를 당하든 '그래도 내가 잘했다면' 하고 후회하게 한다.

콜센터에서 일하는 마늘(젠더퀴어)은 자신을 남성으로 여기지 않는다. 그러나 회사는 마늘에게 남성 목소리로 고객을 응대할 것을 요구한다. 마늘은 소위 남녀 목소리를 모두 활용해 업무를 처리했다. 그런 일이 어떻게 가능한지 내가 묻자, 자신을 분리시켜 일한다고 했다. 내가 여전히 이해 안 된다는 표정을 짓고 있었는지, 마늘은 그런 일이 익숙하다고 했다.

이분법에 들어맞지 않은 몸을 지녔기에, 혼재와 분리란 매일 겪어내야 하는 일이 된다. 마늘은 말했다. "내 나름대로 삶을 살 거고. 상황에 맞게 이익이 되는 방향으로 내 모습을 이끌어내는 방법으로 살 거"라고.

비슷한 말을 몇 번이나 해 기억에 남는다. 그런데 마늘이 아무리 자기에게 이익이 되는 방향으로 살 것이라 이야기해도, 이득을 보는 쪽은 그 자신이 아닌 것 같다. 마늘이 덧붙인 말 때문이다.

"회사는 이익이 우선인 곳이고. 내가 회사에 이익이 되는 사람이라면 나를 자르거나 하진 못할 거예요."

마늘은 '내가 잘했다면' 같은 후회를 하고 싶지 않아 했다. 많은 성소수자들이 해고될 위험을 염두에 둔 채 일한다.[1]

물론 홍석천 씨가 커밍아웃 후 방송 하차를 겪던 15년 전과는 다르다. 2017년 한국갤럽은 1,004명에게 '동료가 동성애자임이 밝혀져 해고된다면 이것이 타당한가'를 물었다. 응답자 중 81퍼센트가 '타당하지 않다'고 했다.[2] 7년 전과 비교해 17퍼센트나 증가한 수치라 한다. 그러나 우리가 언제는 타당하게 해고됐던가. 해고의 용이함도 7년 사이 17퍼센트 넘게 늘었을 게다.

잘리지 않을 방도가 필요하다. 마늘에게 그 방도란 '능력'이다. "상황에 맞게 제게 이익이 되는 방향으로" 자신의 모습

---

1   2014년 실태조사에서 정체성으로 인해 해고, 권고사직, 계약해지 형태로 퇴사를 종용당했다고 답한 양성애자/동성애자 비율은 전체 응답자의 16퍼센트를 넘는다. 트랜스젠더의 경우 28퍼센트. 3명 중 1명꼴이다. 〈한국 LGBTI 커뮤니티 사회적 욕구조사 보고서〉, 한국게이인권운동단체 친구사이, 2014.

2   한국갤럽은 2017년 5월 1,004명으로 대상으로 '동성결혼, 동성애에 대한 여론조사'를 진행했다.

을 바꿔나갈 것이라 한다. '남의 돈 벌기 어렵다'는 전통적인 한탄과는 결이 다르다. '내가 잘한다는 것'은 자신이 가진 자원을 어떻게 활용하고 배분하고 투자할 것인지 스스로 결정하는 능력의 문제가 된다.

마늘은 20대 청년이다. 성정체성으로 인해 다른 길을 걷지만, 마늘을 그 또래들과 분리해서 볼 수는 없다. 자신의 몸을 자원으로 삼아 살아간다는 생각은 학창 시절부터 수혈받은 것이다. 마늘이 초중등학교를 다니던 시기 교육부 이름마저 '교육인적자원부'였다.[3] 인간이라는 노동력을 효율적으로 사용하기 위한 방안은 자본주의의 오랜 과제였고, 결국 인간을 스스로 운용하는 '자본'으로 발명해내는 것으로 그 효율을 찾았다.[4]

마늘과 또래들은 고용 절벽에 굴하지 않고 자신이라는 자본(상품성)을 확대해 위기를 극복하는 중이다. 배워온 대로. 자신의 성정체성 때문에 발생할 (고용)불안마저 유용성으로 극복하려 한다.

몸과 무관한 능력은 없다

'능력주의' 사회라 한다. 능력주의, 특히 일터에서의 그것

---

3 2001년 신자유주의 열풍 속에서 '교육부'는 '교육인적자원부'로 명칭을 변경했고, 2008년에는 '교육과학기술부'로 개편했다.

4 인적자본론이 등장한다. 신자유주의자들은 개인을 경제 주체인 '기업'으로 개념화한다. 개인의 소비는 기업 활동이 되고, 그의 선택은 투자가 된다.

은 차별이 합리적인지 아닌지 판단하는 기준에 '능력'을 두는 일이다. 앞서 보았듯, 동료가 동성애자임이 밝혀져 해고되는 일이 타당하냐는 물음에 81퍼센트가 부당하다고 답했다.

몰표를 준 집단은 20~30대 청년. 고작 5퍼센트만이 해고가 타당하다고 응답했다. 이 수치는 인권의식의 상승만을 보여주지 않는다. 젊은 층에게 능력은 성적지향, 성(적)정체성, 나이, 연차, 기타 등 모든 것을 떠나 존중받아야 할 무엇이다. 고로 능력이 아닌 다른 기준으로 평가받거나 해고되는 일은 불공정하다고 여긴다. 그렇기에 이런 일도 가능하다. 성소수자 인권에 찬성표를 찍은 이들이 뒤돌아 비정규직의 정규직 전환에 격렬한 반대를 표한다. 능력을 검증할 시험을 거치지 않았기에 불공정하다고 보는 것이다. 능력 증명이 모든 것의 잣대가 됐다.

사실 공정과 능력주의는 많은 성소수자들이 일터에서 안착되길 바라던 가치였다. 편견이 만연한 세상에서 공정한 인사평가만이 고용을 보장받는 유일한 길이라 여기기 때문이다. 이는 회사와 협상할 수 있는 자원이 업무 능력밖에 없다는 말이기도 하다.[5]

이들에게 희소한 자원 중 하나는 대인관계다. 성소수자들을 향한 동료와 고객들의 편견이 있다. 마믈이 외양이 가려지는 콜센터를 공정하다고 평가한 점을 상기해보자. 취업 문턱

---

5 성소수자들은 평생에 걸쳐 협상을 한다. 아이러니하게도 모든 것을 협상으로 타개해야 하는 이들에게는 협상할 자원이 부족하다. "정상적이고 표준적 생애경로에 따라 살아가는 사람에게 개인화된 협상은 그다지 필요하지 않을 것이다. 반면, 굴곡지고 단절된 경로에 들어서서 개인의 노력과 일대기 구성을 통해 계속 협상을 해야 하는 사람들은 대체로 자원이 부족한 처지에 있다." 김영·황정미, 〈'요요 이행'과 'DIY 일대기': 이행기 청년들의 노동경험과 생애 서사에 대한 질적 분석〉, 《한국사회》 14(1), 2013. 6.

을 간신히 넘어 직장에 들어가도, 패싱이 어려운 정체성을 가진 성소수자(트랜스젠더 등)들은 상사와 동료가 자신을 어떻게 대할지 알 수 없다. 직장 생활만이 대인관계의 걸림돌이 아니다. 이들은 학창 시절 아웃팅, 괴롭힘에 시달렸다. 학교를 그만두기도 한다. 교우관계라는 것을 가져볼 기회를 박탈당한다. 게다가 한국에서 또래 그룹은 동성 중심으로 구성된다. 같은 성별과 친구 관계를 맺는 것이 자연스럽다고 가르친다. 자신의 성이 지정성별과 다르다는 것을 자각한 이들은 친구 하나 사귀기도 힘들다.

외양이 확연히 다르거나 커밍아웃했을 때에만 편견에 노출되는 것도 아니다.

"직장에서 맺는 인간관계가 나중에 자원이 되는 거잖아요. 그럴 때 제 정체성은 걸림돌이 되죠."

이 말을 한 이는 성연이었다. 겉으로 보기에는 '평범'한 여자 교사. 그런 그이가 걱정하는 것은 사람들과 연애나 결혼, 이상형 이야기를 나누지 않는 자신이다. 그 말들이 불편하다. 자신과 무관한 이야기들에 둘러싸여 관계에 대한 기대는 사라진다. 말을 아끼거나 거리를 둔다.

반면 오히려 더 살갑게 구는 이도 있다. 흠잡히고 싶지 않기 때문이다. 어렵다. 어떤 이는 "나중에 밝혀졌을 때 사람들이 나를 덜 이상하게 볼 것 같아서" 더 일을 잘하려고 애쓴다고 했다. 사생활이나 감정을 공유할 수 없는 대신 일을 통해 동료로 인정받길 원한다. 사람이니까. 관계를 업무로 메우려고 한다.

IT 계열에서 일하는 소유의 경우, 실직에 대한 두려움이 상대적으로 적은 편이다. 업종 특성상 개인이 보유한 기술이 우선이라고 했다. 이직에 대한 자신감은 커밍아웃으로 이어졌다. 그럼에도 자신의 연봉이 높은 편은 아니라고 했다. "제안에 체념이 있는 것 같아요." 연봉제는 개별 협상을 원칙으로 하는데 소유는 자신의 협상력을 과소평가했다. 물질에 연연하지 않는 성격도 영향을 미쳤겠지만, 소수성에서 비롯되는 심리적 부담감을 협상력과 떼어놓고 생각할 수 있을까.

마늘은 실력을 인정받아 콜센터 신입 교육 강사로 발탁될 뻔했다. 그러나 탈락했다. 회사는 명확한 이유를 설명하지 않았다. 듣는 입장에서는 마늘이 입고 간 치마, 그러니까 지정성별인 남성(성)을 제대로 수행하지 않은 것이 원인이 아닐까 싶다. 마늘은 여자와 남자의 수행 모두를 적절하게 연기할 수 있다고 자신했지만 성별 역할, 바로 그것이 마늘을 강사 선발에서 탈락시켰을지 모른다. 승진, 인사고과, 재계약 등이 객관적인 업무 성과만으로 판단되지 않는다는 것은 직장인이면 다 아는 상식이다.

능력은 성소수자들이 노동 현장에서 자신을 드러내고, 고용을 유지하고, 협상력을 발휘하고, 동료와 관계를 맺게 하는 숨쉴 구멍처럼 보인다. 하지만 일터는 진공 상태가 아니다. 몸의 자산에 영향받지 않은 능력이란 없다.

보람 따윈 됐으니

하나의 경제 주체로, 선택도 성취도 실패도 모두 개인의 몫이라 하는 사회지만 아무래도 밑지는 기분이다. 마늘이 왜 자신에게 그런 선택(콜센터 취업)을 했는지 묻지 않느냐고 했지만, 물을 수 없었던 이유가 있었다. '선택'이라 말하기에 의심스러운 지점이 많았기 때문이다. 이 사회는 마늘에게 콜센터 일밖에 주지 않으면서, 콜센터 안팎에서 개인의 능력을 활용해 살아보라 한다. 마늘이 감당하게 된 결과는 해피엔딩이 아니었다. 자신을 기계로 대하는 직장에 마늘은 '공정'이란 이름을 붙였지만, 기계는 가동만이 존재의 이유. 가동은 점점 빨라지고 기계는 고장났다. 마늘은 야간근무를 하다가 건강을 해쳤다. 노동은 중단됐다.

마늘이 그곳에서 능력으로 승부를 보려 했을 때부터 첫 단추가 잘못 끼워지지 않았을까 싶다. 콜센터 업체는 능력주의를 가동할 자원이 없다. 2000년대 이후 기업들은 고객서비스 업무를 외주화했고, 그 덕에 크고 작은 콜센터 업체가 우후죽순 생겨났다. 15년 사이 생겨난 콜센터만 1,000여 개, 3만여 명에 달한다는 종사자 대부분은 여성, 저임금, 불안정 노동자. 능력에 따른 보상을 할 수 없다. 콜센터 업체가 원하는 것은 능력자가 아니다. 일회용 노동을 원한다.

콜센터가 아니더라도 많은 수의 중소기업이 대기업 하청으로 머물 수밖에 없는 구조다. 대기업 빨대가 등에 꽂힌 회사들이 원하는 것은 '인재'가 아니라, 소규모 자본이 가지고 있는 불안을 전가할 수 있는 인력이다. 남성 면접자에게까지 결혼 계획을 물어보는 것은 이런 현실을 반영한다. 야근이 많고 업무 강도가 센 회사일수록 결혼 여부를 집요하게 물어본다. 노동력의 재생산까지 고민하지 않는 것이다. 당장 2~3년을 버텨줄 인력이 필요하다.

자체 자본을 마련할 길 없는 중소업체가 온갖 생색을 내며 해줄 수 있는 보상이란, 고용뿐이다. 능력주의 시스템에 맞춰 안정과 보상을 약속할 수 있는 직장은 드물다. 보상해줄 수 있는 듯 굴 뿐이다. 개인이 가진 자원만 쥐어짠다. 업무 강도는 나날이 높아지고 사람은 소모된다. 그러니 "보람 따윈 됐으니, 야근수당이나 주세요" 같은 말이 나온다. "이 회사엔 미래가 없다." 직장인들은 이 말을 남기고 퇴사한다.

능력주의란 하청 먹이사슬 맨 위에 있는 대기업에나 입사

할 수 있을 때, 그러니까 한 줌 남아 있는 파이를 차지할 때나 필요한 소리다. 막상 입사하면 그것도 소용없구나 깨닫게 되지만. 스스로 '경제적 주체'가 되어 하나의 기업을 운영하듯 자신의 인적자원을 활용하라고 배웠다. 그러나 내가 '운용'할 수 있는 기업은 기껏해야 하도급-영세업체, 아니 자영업체일 뿐이다. 정부 지원금과 대출, 각종 자본이 투여된 정식 회사조차 대기업으로 흘러가는 이윤의 길목을 잇는 돌덩이 하나일 뿐인데, '고작' 취업 잘한 인간이 무엇이 될 수 있을까. 능력이란, 허망한 소리다.

자발적(?) 퇴사

허망한 소리가 힘을 발휘하는 세상이긴 하다. 어쩌면 우리는 보상을 바라지 않는 법을 체화했는지도 모른다. 마늘과 같은 20대는 평생을 보장하는 고용 같은 것은 없다는 사실을 학습한 세대다. 불안할수록 우리의 불안을 먹이 삼아 성장한다는 그 거대한 체제가 보일 리 없다. 눈앞의 작은 이익이 먼저 시야에 들어온다. '자영업자'들끼리 능력을 매기고 당장의 성과를 겨룬다. 우리는 살아가야 하니까.

그리고 여기, 몸의 자산이 능력이 되지 못하는 이들이 있다. 그래서 또 다른 의미로 불안하고, 단기 성과만을 바라보며 사는 삶을 암묵적으로 요구받은 이들의 고용이 있다.

루카(게이)는 프로젝트 공모 심사를 위해 면접을 본 이야기를 들려주었다. 성소수자 아카이브 작업 프로젝트였는데, 심사위원을 맡은 교수들이 자리했다.

"현재 저는 정규직이고 정년은 예순 살까지이지만, 내외적인 요인으로 정년까지 다닐 수 있을지 모르겠고 제 노동 생애주기를 상상할 수 없다고 하니 깜짝 놀라시는 거예요. 심사위원 본인은 상상해본 적 없는 경험인 거죠."

루카는 성소수자의 불안정한 삶과 노동을 설명하기 위해 든 사례였지만, 나는 심사위원들에게 빈정이 상했다. 노동에 따른 생애주기를 상상할 수 있는 사람이 요즘 얼마나 된다고, 놀라기까지. 계약직은 말할 것도 없고, 중소기업에서 4대 보험을 적용받고 일해도 언제 이직할지 모른다. 대기업에 들어가더라도 실제 정년은 정해진 바가 없다. '사오정'(45세에 정년퇴직)을 넘어 '삼팔선'(38세에 구조조정 대상)이라는 말까지 있다. 성소수자들에게 정년(또는 계약기간)이란 무의미할 때가 더 많다.

파견직원인 정현은 성실히 일하면 2년 뒤 정규직을 시켜주겠다는 말을 들었다. 물론 상사가 말로 한 약속이다. 정현은 고개를 가로저었다. 원래 정현의 업무를 했던 이가 정규직원이었다. 그 직원이 퇴사하자 회사는 파견업체에 인력 의뢰를 했다. 그렇게 정규직 자리가 사라졌다. 굳이 없앤 자리를, 성실하기만 하면 다시 만들어준다? 성실이라는 족쇄를 채우려는 감언이설이라는 것을 서로가 안다.

루카와 정현이 정년을 꿈꾸지 않는 데는 다른 이유도 있다. 정현이 고개를 저은 건 "시켜줘도 싫어서"이기도 했다. 정현은 트랜스남성이다. 그러나 직장에서는 여자 직원 취급이다. "가면을 쓰고 다니는"[6] 직장에 얼마나 오래 다닐 수 있을까. 종신 정규직일지라도 행복하지 않다. 루카도 비슷하다. 현재 고용된 곳은 민주노총 법률원. 송무를 담당한다. 정년이 보장되는 직장인데다가 동료들 사이에서 커밍아웃도 받아들여졌다. 그럼에도 미래를 알지 못한다고 말한다. 65세 정년을 다 채울 것 같지 않다. 삶의 미래를 그리기엔 불안하다. 세상이 루카를 보는 시선부터 흔들린다.

모두가 평생 직업이라 생각하는 초등학교 교사인 우연마저 '만약에 무슨 일이 생긴다면'을 늘 마음에 담은 채 일한다. 생긴다면, 학교를 떠날 수밖에 없을 것이다. 건실한 중소기업 직원인 문식은 3년을 채우고 회사를 나올 생각을 한다. "만년 대리로 살고 싶어서요." 잦은 이직은 자칫하면 실업으로 이어질 수 있다. 그런데도 퇴사를 선택한다. '일반' 세계에서 도무지 행복하지 않아서다.

6 정현(트랜스여성, 사무직원)과의
인터뷰. "나를 숨길 이유가 없죠.
커밍아웃 하게 된다면. 가면을 쓰지
않아도 되겠지요. (Q. 지금은 어떤
가면을 쓰고 있나요?) 시스젠더
헤테로(이성애) 여자. 예전에 운동을
해서 짧은 머리가 익숙한 여자 직원."

문식의 진짜 삶은 회사 바깥에 있다. 주말이면 지방 도시에서 서울까지 이동하는 일이 잦다. 사람들한테는 대학 친구들을 만나러 간다고 한다. 문식은 주말이면 퀴어 행사에 참석한다. 성소수자 인권활동을 하고 있다. 인권활동을 하려면 업무와 책임이 늘어나선 곤란하다. 이직으로 낮은 지위를 유지할 생각이다. 그러나 만년 대리로 있기도 쉽지 않은 일이다. 몇 년 단위로 회사를 옮겨 다닌 이력을 면접관은 어떤 시선으로 바라볼까. 재취업할 때마다 '경쟁력'은 계속 낮아질 것이다.

내가 말하는 나

소유

"가장 큰 정체성은 아무래도 동성애자, 퀘스처너리. 아무튼 나는 성소수자 부류에 속하는 사람이다. 직업은 프로그래머. 요새는 인권 관련 자원 활동가. 그 이외에 탈학교, 대안학교 출신이라는 것도 있다. '나는 예외'라는 느낌도 든다. 성소수자 이야기이든 프로그래머에 대한 이야기이든, 어딘가 나하고는 약간씩 다른 것 같고. 작년부터는, 그래 나도 '한남'이지, 이런 생각을 한다."

#지정성별_남성 #30대 #수도권_거주 #게이 #IT업계_프로그래머

루카

"(내 정체성이) 긴가민가했다. 시스젠더(지정성별)란 말이 유효한
가 싶지만, 지금은 시스젠더로 정체화하고 있다. 노동자이고, 책
보다는 현장이랑 가까운 연구자이고 싶어 한다. 아카이브를 하
는 사람으로서의 역할을 자임하고 싶다. 기록하고 보관하고 재
생산하는 일에 관심이 있다."

#지정성별_남성 #20대 #수도권_거주 #게이
#민주노총_법률원_송무_담당

문식

"남자로 분류될 수 있는 특성들을 좋아하고, 내 자신이 남성인지
여성인지 굳이 규정짓지 않고 살아가는 논바이너리-퀘스처너
리. 남이 나를 남자로 보는 것은 크게 개의치 않는데, 내가 나 스
스로를 남자로 보는 건 힘들다."

#지정성별_남성 #30대 #비수도권_거주 #논바이너리_퀘스처너리
#중소기업_사무직

오래 봐야 익숙하다

많은 비성소수자들이 안정을 꿈꿀 수 없는 지위에 놓여 있다. 안정된 직장은 중요하다. 먹고사는 차원만이 아니다. 노동(고용)이 자꾸 스쳐지나가는 일이 되면 삶에서 바꿀 수 있는 것이 없다.

인력업체를 통해 제조업체 공장에 파견노동을 가면 며칠간은 사람들이 쳐다보지도 않는다. 며칠이나 일하다 갈 사람인지 모르기 때문이다. 한 주 정도 지나야 눈길도 주고 말도 건다. 일회성 고용은 관계에 영향을 미친다. 일하는 사람들끼리 무엇을 도모하는 일은 점점 줄어든다. 그런 측면에서 조나단의 말을 믿어보고 싶어진다.

"사계절을 두 번은 버텨야 해요." 레즈비언인 조나단은 '여성스럽게' 꾸미지 않고 연애하지 않는(사실은 연애를 한다. 동료들이 모르는 연애일 뿐이다) 자신을 동료들이 인정(?)하는 데 2년이 걸렸다고 했다.

"화장을 안 해? 이런 질문도. 처음에는 얘가 잘 못해서 안 하나? 생각해서 권하다가 이게 안 먹히는구나, 해봤는데 안 되는구나, 하고 납득하고 포기하는 게 2년 걸리는 거 같아요."

사람들은 익숙하지 않다. 소수자에게만 익숙하지 않은 것이 아니다. 화장 안 하는 여자, 싹싹하지 않은 여자, 사랑을 꿈꾸지 않는 여자, 형님-동생 안 하는 남자, 외제차에 관심 없는 남자. '여자가'나 '남자가'에 포함되지 않는 모든 것에 익숙하지 않다. '정상'이 되어 불량품 테스트까지 통과해 직장으로 온 몸들이다. 이들은 익숙한 시선으로 익숙한 대화를 한다. 그 익숙한 대화에는 소수자 혐오 발언이 섞여 있다.

가까이에서 봐야 예쁘다고 했나. 예쁜 것은 모르겠지만, 익숙해지려면 오래 봐야 한다. 자신과 다른 존재를 인정하게 되기까지는 시간이 필요하다.

트랜스여성들의 다양한 노동 경험을 심층 면접을 통해 살핀 한 논문[7]에 등장하는 '수연'의 사례는 시간과 직장 내 관계의 측면을 잘 보여준다. 수연은 한 외국계 기업에서 8년을 근무했다. 입사 초부터 '그녀'는 자신의 성별을 조금씩 팀장과 동료들에게 적응시킨다.

수연은 입사 다음 해에 동료 여직원 둘과 이야기하다 머리를 풀면 어떨 것 같냐고 물어봤는데, 동료들의 반응이 나쁘지 않자 다음 날부터 머리를 풀고 출근하기 시작했다. 또 시간이 조금 지난 후 그 동료 직원들과 이야기하다 조금 더 여성스럽게 입고 와보라고 제안을 받아, 그때부터 조금씩 여성용 의복을 입고 출근하곤 했다. 수연은 처음엔 라인이 들어간 바지와 여성적이거나 유니섹스 스타일의 셔츠, 블라우

7   김수영, 〈트랜스여성의 노동과 복합적인 젠더실천〉, 연세대학교 문화학협동과정 석사학위 논문, 2017.

스를 입었다. 별다른 문제가 생기지 않자 수연은 여성용 속옷을 입고 출근을 시도했다.

쉬운 일은 아니다. 수연은 스트레스로 인해 협심증까지 앓았다. 직장 동료들과의 적대와 화해 과정이 반복됐다. 그럼에도 해당 논문의 연구자는 트랜스여성 노동자인 수연이 "고통을 감내하며 장기간에 걸쳐 조금씩 젠더실천의 범위를 협상적으로 확장해"가는 과정에 주목한다.[8] 성소수자들은 숨어 있거나 피해자로만 존재하지 않는다. 일터와 사회에서 설 자리를 마련하기 위해 나름의 방식으로 협상하고, 적응하고, 요구한다. "상황에 맞게 이익이 되는 방향으로" 자신을 변모시킬 것이라 했던 마늘의 말 또한 어쩌면 회사에 돈 벌어주는 사람이 되겠다는 의미를 넘어선 것일지도 모른다. 상황을 자신에게 유리하게 가져오는 '협상'의 주체로 살겠다는 말. 적어도 이를 시도해볼 시간은 확보되어야 하는 게 아닐까.

그런데 수연의 사연을 보면, 8년이라는 시간 동안 그만 애쓰고 있는 것처럼 보인다. 몸과 마음이 다 아플 지경으로. 보통의 경우 사람들은 성소수자를 '발견'하면 당황한다. 몸이 굳는다.

"각자 애인 이야기를 하다가 (동료 중) 한 명이, '남자들은 역시 똑같다니까' 이러는데. 나는 지금 여자 애인 이야기를

8   "젠더실천의 범위를 협상적으로 확장해왔고,
    경력을 쌓고 한 직장에서 직급과 지위를
    높여왔으며, 의료적·법적 인정을 획득해왔다.
    수연이 한 회사에서 쌓아온 기반은
    트랜스여성으로서 수연의 경험을 쉽사리
    삭제하지 못하게 하며, 회사와 동료들에게 변화의
    계기를 마련하고 있다." 김수영, 같은 논문.

하는 중이잖아요. 자기가 평생을 생각해온 것과 다른 이야기를 하니까. 나중에는 나를 빼고 이야기하고 싶어 하는 것 같기도 하고. 이성애 틀에 있지 않은 사람과 어떻게 친해져야 할지, 어떻게 이야기해야 할지 모르는 거 같더라고요."

바이섹슈얼 혜민의 말이다. 동료에게 그이의 존재는 혼란 그 자체였을 것이다. 성소수자들의 존재는 사람들이 평생 명확하다고 여겨온 '진실'을 흔든다. 재미로 하는 거짓말 테스트에서 '진실 하나를 말해보세요' 하고 요청을 받으면 "나는 여자입니다" 같은 말을 한다. 바로 이것이 통하지 않는 대상을 만나는 일이다.

진실에 가깝다고 믿어온 상식을 눈앞의 존재가 무너트린다. 그러니 저항한다. 피하거나 때로 혐오한다. 저항을 뚫고 관계를 이어가려면 적지 않은 시간이 걸린다. 수연처럼 8년 내내 애써야 할지도 모른다.

그러나 수연이 이토록 홀로 노력해야 했던 진짜 이유는 제도에 있다. 일터에 나와 성소수자와 마주하기까지 누구도 소수자/타자에 대한 교육을 제대로 받아본 적 없다. 어떤 공교육에서도, 기업 차원의 훈련에서도 교육은 이루어지지 않는다.[9] 사회가 성소수자에 관한 어떤 노력도 제도적으로 하지 않고 있다는 사실이 수연의 애씀과 아픔을 연장시킨다.

9   〈성소수자 친화적 직장을 만들기 위한 다양성 가이드 라인〉(SOGI법정책연구회, 2018)은 교육과 관련해 IBM 사례를 들고 있다. 사례를 통해 성소수자 이해를 돕는 교육은 물론, 사원 전반을 대상으로 한 성평등 교육과 관리자를 대상으로 한 다양성 존중 직장 문화를 만들기 위한 리더십 교육을 제안하고 있다.

"IBM은 신입 직원을 위한 오리엔테이션에서 성소수자에 대한 인식 개선 교육을 합니다. 이를 통해 커밍아웃을 해도 괜찮다는 메시지를 보내고, 성소수자에 대한 괴롭힘은 금지된다는 점을 분명히 합니다. 또한 다양성과 포용에 대한 IBM의 가치가 담긴 '다양성 FAQ' 문건을 배포해 모든 신입 직원이 읽도록 합니다."

뒷짐 지고 있는 제도는 협상력을 키우려는 '개인'을 진정한 '개별자'로 만든다. 개인의 처세와 능력에만 의존하게 한다. 그러다 결국 '운'을 말한다.

누구든 퇴출시킬 수 있는 일터

앞서 '오래 보아야' 한다고 했지만, 이는 시간만을 의미하지 않는다. 동등한 지위는 조나단과 수연이 동료들을 적응시키고 이러저러한 시도를 할 수 있었던 전제였다. 소속감과 동등한 지위란 단순히 고용 형태(정규직)만을 뜻하지 않는다. 노동자가 자신의 노동에 얼마나 통제권을 가지고 있는가의 문제다. 나를 보호할 조건들이 갖춰져야 협상이나 다양한 시도들이 가능하다.

카페 알바를 한 혜민의 경우, 카페가 시청 인근에 있는지라 주 고객층인 중장년 남성들의 언어 성희롱이 극심했다. 이때 카페는 "그게 그분들 낙이 아니겠냐"며 참고 받아들일 것을 돌려 말했다. 카페 관리인의 태도가 이렇다면, 직원은 폭력에 노출되지 않게 스스로 조심할 수밖에 없다. 혜민이 조심할수록 정체성(바이섹슈얼)은 더욱 숨겨진다. 태극기 집회에 참가한 노년층 남성들이 카페를 방문하는 날에는 무지개 배

지나 팔지를 뺀다고 했다. 여섯 빛깔 무지개가 성소수자-퀴어를 상징하기 때문이다. 페미니즘, 세월호에 관한 액세서리도 함께 숨긴다. '여성'에게 좋지 않은 직장은 성소수자에게도, 아니 어느 누구에게도 좋지 않았다. '여성'의 자리에 다른단어를 넣어도 마찬가지이다.

성소수자가 일하기 힘든 환경은 나의 노동도 힘겹게 한다. 퀴어 퍼레이드 참석을 들켜 해고는 물론 임금체불까지 당한 알바 노동자의 사례를 다시 한 번 떠올려보자. 과연 그것이 그 사장의 생애 첫 임금체불이었을까? 전국불안정노동철폐연대 김혜진 활동가는 성소수자 고용 불안 문제를 말하는 자리에서 인사제도를 지적했다. 뜬금없어 보이지만 이 둘은 깊이 연관되어 있다.

"인사제도를 투명하게 운영하고, 노동자들이 인사제도에 개입하며, 비정규직에 대한 주기적 해고의 권한이 기업에게 주어져 있는 현실의 문제를 개선하는 것은 누구에게나 좋다."[10]

노동자들이 인사권에 개입할 여지가 없고 해고가 자유로운 회사는 성소수자뿐 아니라 어떤 사람이라도 퇴출시킬 수 있다. 정체성을 빌미로 계약을 해지할 수 있는 직장은 나와 동료를 해고할 사유도 가지고 있다. 잘릴 이유야 많다.

---

10 〈노동현장과 성소수자 차별〉 토론회,
     성소수자 차별반대 무지개행동 주관,
     2014. 10. 21.

노동조합, 아무도 두드리지 않았던 문

잠시, 루카의 첫 직장 이야기를 하려 한다. 국가인권위원회로 8개월짜리 계약직이었다. 한 달이 지나도 사원증이 나오지 않았다. 임시증으로 출퇴근했다. 문의를 했더니 '계약직이라 몇 개월밖에 안 쓸 것을 제작하기는 좀 그렇다'는 답변이 돌아왔다. 루카는 서러워서 울었다고 했다. 그렇게까지 서러울까 했는데 "성원권이잖아요" 한다. "신분증이라는 게 이 조직의 구성원인가 아닌가를 판가름하는 건데." 게이 정체성을 지니고 세상에 소속되지 못한, 또는 못할까 전전긍긍한 경험이 그에게 깊숙이 자리 잡았다.

국가인권위원회에는 민주노총 공공운수노조 소속의 사내 노동조합이 있었고, 루카는 그곳에 문제를 알린다. 그러자 2주도 안 되어 신분증이 나왔다. 루카로서는 꽤 신선한 충격이었는데 "내 삶을 바꾼다는 의미로 노조를 만난 건 처음"이라고 했다. 성소수자 인권단체에 속한 뒤 알바노조나 청년유니온을 알게 됐다. 그러나 자신이 일하는 공간에서 노동조합을 만난 경험은 처음이었다.

국가인권위원회 노조 입장에서도 계약직이 문을 두드린 건 처음이었다. ("그전에는 비정규직들도 여기는 짧게 경험 쌓는 곳이라 생각해서 누구도 노조 문을 두드리지 않고 지나간 거죠.") 그때부터 노동조합도 단체협약 등에 상시 계약직의 처우나 지위를 어떻게 담을까 고민하기 시작했다고 한다. 이후 고민은 성소수자에 대한 것으로 이어졌다. 성소수자 조합원인 루카가 문을 두드렸기 때문이다. 루카는 노동조합 수련회를 갔을 때, 준비 팀에게서 혹시 성소수자 조합원을 고려해야 할 부분이 있으면 말해달라는 이야기를 들었다고 했다.

"감사한 거예요. 그때 말이 계속 기억에 남아 지금 직장(민주노총 법률원)을 다니는 데도 영향을 미쳤던 것 같아요. 성소수자가 아니어도 사람마다 어색하고 몸에 안 맞고 불합리한 일들이 많잖아요. 채식 식단, 화장실, 문턱 하나까지.[11] 그 말을 통해 제가 오히려 배웠죠."

루카는 운이 좋은 편이다. 노동조합이 있는 직장은 적고, 성소수자나 계약직원에게 우호적인 노동조합은 더 적다.

"지금 성소수자 노동자들이 가는 곳은 장시간 저임금 노동에 이직률 높은 곳. 수틀리면 떠난다는 생각이 강해요. 이들도 노조가 필요하다고는 생각해요. 그런데도 자기 인생에 노조는 없을 거라 생각해요. 주변에서 노조를 본 적이 없어. 노조가 있으면 좋지만, 자기 인생과는 별개 문제이고."

성소수자 인권활동가이자 현재(2019년) 민주노총 소속으로 활동하고 있는 곽이경 씨의 말이다. 현존하는 고용 정책과 다변화하는 노동 형태는 노동조합과 우리를 더 멀어지게 한

---

11 사회 시설 대부분이 소위 '정상인'에게
철저히 맞춰져 있다. 남/여로 칸을
나눈 화장실은 물론이고, 문고리조차
왼손잡이라면 사용하기 불편하게
만들어졌다.

다. 비정규직이 노동조합 문을 두드리지 못한 것과 마찬가지 이유로, 사람들은 짧게 머물 직장에서 무언가를 도모하지 않는다. 내가 이 공간에 '존재'할 거라는 생각을 할 때 사람은 관계를 맺고 무언가를 한다.

인터뷰를 한 성소수자들에게 자신의 노동이 무엇이냐고 물었을 때, 쓰는 어휘는 조금씩 달랐지만 이들의 답은 결국 "없는 노동"이었다. 없으니 성소수자들은 해고되지 않는다. 다만 불안정 노동자 한 명이 오늘도 직장을 잃을 뿐이다. 루카 또한 8개월 뒤 '계약 만료'라는 이름으로 일자리를 잃었다.

공정한 협상은 없다

성소수자들이 항상 겁에 질린, 불쌍한, 어딘가 문제가 있는 '피해자'의 모습으로 일터에 있는 것은 아니다. 이들은 자신의 존재를 숨기지만 그렇다고 숨죽여 일하지만은 않는다. 협상력을 높이기 위해 분투한다. 그렇게 고용을 지키고 스스로를 보호하려 한다. 협상력을 높이는 방법은 더 열심히 일하는 것일 수도, 더 '정상'처럼 보이는 것일 수도, '진짜 사나이'의 질서에 뛰어드는 것일 수도, 퇴준생의 길을 선택하는 것일 수도 있다.

루카가 선택한 노동조합도 한 방편이다. 성소수자들은 노동조합을 하나의 방패막으로 기대하기도 한다. 노동조합에 대해 가르쳐주지 않는 세상이라 그 기대가 막연하긴 하다. ("사람들이 개인은 굉장히 나약하고 힘이 없는 반면 노조는 힘이 있고 평등에 대한 감수성이 있다고 믿는 거 같아요."[12]) 노조 조직률이 전체 노동자의 10퍼센트라는 한국에서 노동조합이 사회적으로 막대한 협상력을 지니기는 힘들다.[13] 다만 앞서 언급한 방안들과 노동조합에 적을 둔 해결에는 차이점이 하나 있다. 그것은 '동등함'이다. 노조는 루카에게 동등함을 준다. 노동조합은 일하는 사람들이 기업과 동등한 위치에서 단체협상 테이블에 마주 앉도록 하기 위해 조직됐다. 그 위치성을 만들기 위해 파업과 같은 단체행동을 벌이기도 한다.

협상의 힘은 동등하고 안정적인 지위에서 나온다. 갑과 을의 협상은 언제나 억울한 쪽을 만든다. 누가 억울해하게 될지는 이미 정해져 있다. 회사와 직원 사이에 공정한 연봉 협상이란 없다. 연봉 '통보'라는 것을 다들 안다. 성소수자들이 일터에서 공정하게 평가받기를 갈망하지만, '공정'은 이들에게 결코 통하지 않는다. 위치가 다르기 때문이다. 소수자라는 지위, '정상인'들과 동등할 수 없는 사회적 위치도 이들의 협상을 막는다.

공정에 대한 감각이 높은 20~30대들은 누군가를 성소수

---

12 마늘(젠더퀴어, 콜센터 직원)과의 인터뷰.

13 그럼에도 개별 사업장에서 단체협약을 체결할 시, 소수자 차별 금지 조항을 명문화하고 복리후생 대상 범위를 정상 가족에 국한되지 않는 다양한 형태의 가족으로 넓히는 노력을 개별 노동조합에서 할 수 있다. 행동하는성소수자인권연대(행성인) 노동권팀에서 발간한 《노동자를 위한 성소수자 교육 자료집》 등에서 관련 내용을 확인할 수 있다. https://goo.gl/eHE2mi

자라는 이유로 해고하는 것이 부당하다고 답했다. 사람을 능력이 아닌 정체성을 잣대로 평가하는 것은 부당하다는 의견이다. 그러나 이들이 현실에서도 정말 부당한 일에 항변해줄까 의문이 든다.

현실은 복합적인 장치로 구성된 무대라, 무엇이 업무 능력에 대한 평가이고 무엇이 정체성에서 비롯된 차별인지 구분하기 어렵다. 직장인 남성은 자신의 경험을 근거로 여성은 능력이나 책임감이 없다고 말하고, 직장인 여성은 육아와 직장일을 분리할 수 없는 성 역할의 불평등을 이야기한다. 불평등과 무능력은 현실에서 쉽사리 구분되지 않는다. 그 구분을 가능하게 하는 것은, 평등하지 않은 구조를 인식하는 힘이다. 공정에 대한 감각만으로는 주어지지 않는 것이다.

불과 10년 전만 해도 성소수자 노동에 대한 이야기를 제대로 들을 수 없었다고 한다. "성소수자로 차별받은 적 없는데요. 회사에는 숨기고 다녀서요" 정도의 답변이 되돌아왔다.[14] 그러나 이제 성소수자 직장인들은 이렇게 말한다.

"내가 퀴어인 걸 사람들이 모르잖아요. 그게 차별이라는 생각이 들어요."[15]

차별을 자각할 때 차별적 요소를 없앨 수 있다. 지난 시기 차별을 제기하고 제도로 규제하려는 움직임(그것을 운동이라 부른다)이 차별을 자각시켰다. 차별을 제재하는 행동들이 동

14 곽이경 인권활동가와의 인터뷰. "내가 차별받은 게 뭐 있다고, 나를 인터뷰하려고 하냐. 이게 공통적인 정서예요. 2010년에는 그랬어요. 명시적인 차별만 차별인 거예요. 나는 가족 상품권, 가족 수당 못 받았어. 그 외에 차별, 정량화되지 않은 차별들에 대해서는 차별이 아니라고 여겼어요. 지금은 다르죠. 거짓말을 해야 하는 현실, 스트레스 받는 것, 그걸 차별이라고 명명해주고. 그게 제일 중요했던 것 같아요."

15 혜민(바이섹슈얼, 카페 아르바이트)과의 인터뷰

등함을 만든다. 협상 테이블에 마주 앉을 동등한 자격, 능력을 인정받을 자격, 해고되지 않을 자격 등 그 어떤 자격도 공정한 평가로만은 얻어지지 않는다.

직장 내 구성원들을 동등하게 하는 여러 장치들이 마련될 때, 협상력은 현실적 힘을 가진다. 법과 제도, 조직 등 어떤 장치를 이용하든 개별적이지 않은 대응, 동등한 지위하에서의 협의만이 협상자로서 온전한 힘과 위치를 갖게 할 것이다. 이제 평등과 공정은 서로 구분되지 않을뿐더러 평등 역시 어딘가 낡은 단어로 여겨지고 있지만, 그럼에도 평등하지 않은 개별의 너와 나는 존재조차 인정받기 힘들다.

성소수자가 직장 생활할 때 필요한 것

〈한국 LGBTI 커뮤니티 사회적 욕구조사 보고서〉에 따르면, LGBTI
로서 직장 생활을 잘하는 데 무엇이 가장 필요하느냐는 질문에, 트
랜스젠더와 양성애자/동성애자 모두 성소수자 인권침해 차별에
대한 구제 절차나 기구의 존재를 1순위로 선택했다(각각 61.4%,
48.4%). 2순위로 선택한 것 또한 동일했는데, '커밍아웃을 할 수 있
는 분위기'다. 그 외에도 직장 내 성소수자 및 지지자 사원을 위한 모
임, LGBTI로 구성된 노동조합 결성, 직장 내 LGBTI에 대한 긍정적
분위기, 인권교육 이외의 다양성이나 배려를 위한 프로그램 등이 필
요하다고 했다. 직장에서 정체성을 밝히지 않겠다는 답변도 다수 있
었다.

키워드 8. n포 세대

'자연사'라는 꿈

영화감독이자 싱어송라이터인 장혜영은 〈무사히 할머니가 될 수 있을까?〉라는 곡을 지었다. 인디 음악답게 많은 사람들이 아는 곡은 아니지만 알 만한 사람은 다 아는 그런 곡이다. 듣는 사람 가슴을 탁 치는 대목은 제목과 동일한 가사인 "무사히 할머니가 될 수 있을까". 나이를 먹으면 할머니가 되는 것은 당연한데, 무엇이 할머니가, 그것도 '무사히' 될 수 있는지 묻게 하는 걸까.

트랜스젠더 노동을 주제로 석사논문[1]을 쓴 수영을 만나 이야기를 하다가, 나이 든 트랜스젠더의 모습을 떠올리지 못

---

[1] 김수영, 〈트랜스여성의 노동과 복합적인 젠더실천〉, 연세대학교 문화학협동과정 석사학위 논문, 2017.

했다는 걸 깨달았다. 같이 늙어가지 않기 때문이다. 인디언 보호구역처럼 그네들의 나이 듦은 어딘가에 유폐된다. 트랜스젠더 소설가 김비[2]는 농담 삼아 자신의 꿈이 '자연사'라고 말했다. 많은 성소수자들이 너무 빨리 죽어버리니까. 반면 수영은 자신의 꿈은 오래 사는 게 아니라 했다. '사고사'라고 했다. 평온한 노후를 꿈꾸기란 어려운 일이다.

양돌은 말했다. 게이 커뮤니티에 "너희 나중에 나이 먹으면 어떻게 할 거야?" 이런 질문이 올라오면, 갑자기 분위기가 조용해진다고. 자신에겐 마지막을 지켜봐주고 처리해줄 사람이 없다고 양돌은 말했다. "저는 노인분들 고독사 소식을 들으면, 혹시 저 사람이 레즈비언이거나 게이여서 가족을 못 꾸리지 않았을까 생각해요." 20대 중반의 나이다. 그럼에도 생의 마지막을 불안으로 안고 산다. 마지막에 단 한 사람이라도 자신의 손을 잡아줄 수 있을까. 가정을 꾸릴 수 있을까. 애인이 있다 해도 자신을 찾아올 수 있을까. 동성애 관계를 드러내야 할 텐데. 이런저런 고민을 전하다가, 이리 말한다.

"태어났으니 죽는 순간까지도 보장되어야 하는 게 인간다운 권리의 최종이 아닌가요."

물론 인간다운 마지막을 보장하는 것이 꼭 가족의 유무는 아니다. 그러나 모두가 결혼을 한다고 배웠는데 정작 자기 인생에는 결혼이 없다. 한국 정부는 동성 혼인을 허가하지 않고

---

2   저서로 소설집《붉은 등, 닫힌 문, 출구 없음》(산지니, 2015), 장편소설 《플라스틱 여인》(동아일보사, 2007), 에세이《네 머리에 꽃을 달아라》(삼인, 2011) 등이 있다.

있다. 법적 근거도 없다. 혼인이란 남녀의 결합을 뜻한다는
통념을 앞세워 혼인신고를 거부한다. 성소수자들은 가족을
구성할 법적 권리를 박탈당했다. 법적 권리뿐일까. 혼인신고
와 의례(결혼식)를 거친 이성애 커플 외에 다른 '결혼'은 본 적
도 들은 적도 없는 사회는 자꾸만 이들의 결합을 부정한다.

좋은 삶에 대한 상상력이 부족하다

게이 정체성을 가진 또 다른 인터뷰이 강표는 진지한 얼굴
로 '10년, 20년 뒤 삶을 그릴 수 없다'고 했다. 결혼이라는 굵
은 줄기가 사라진 생애주기의 텅 빈 공간이 낯설기만 하다.
강표는 지푸라기라도 잡는 심정으로 "다른 나라 성소수자들
은 라이프 계획을 어떻게 짤까요? 롤모델이 있나요?"라고 나
에게 묻는다. 나도 모르는 이야기다. 내 코가 석 자다. '가족
제도'에 편입되지 않은 채 무사히 할머니가 될 수 있는 법을
모르겠다.
다만 수영이 했던 말을 떠올린다. 롤모델을 찾지만, 정작
필요한 것은 잘 사는 트랜스젠더 모델 하나가 아니라는 말.
"잘 사는 나이 든 트랜스젠더 한 명이 필요한 게 아니라,
사회에서 좋은 삶이라고 상상하는 여지가 넓어져야 하는 거

지요. 60대의 좋은 삶이라고 하면 돈 많은 삶밖에 안 떠오르잖아요. 살 만한 좋은 삶에 대한 이 사회의 상상력이 너무 좁은 거예요."

세상의 상상력은 빤하다. '비성소수자'라 하더라도 흔히 떠오르는 노년의 모습은 파고다공원을 서성이는 외로운 노인이다(여성 노인이라면 손주를 돌보거나 박스를 줍는 모습이 떠오른다). 노년은 보통 두 글자로 상상된다. '빈곤' 또는 '부양'. 부양할 사람이 없으면 빈곤해지는 거다. 그러니 노년의 다른 이름은 '부담'이다.

특정 나이대를 부담스러운 존재로 만들어버린다. 그 부담에서 벗어나려면 부富가 동반되어야 한다. 그러니 우리가 떠올리는 좋은 노년은 '돈 많은 삶'일 수밖에 없다. '건강한 노후'라는 주제를 달고 나오는 잡지를 펼치면 연금/보험 정보만 가득하다.

빈곤한 상상이 노년에만 국한되는 건 아니다. 생애주기 전반이 빈곤함으로 가득 차 있다. 아이는 보호받고, 청소년은 학습하고, 성인은 결혼 적령기에 가정을 꾸려, 자녀를 낳아 키우고, 노년이 되면 그 자녀에게 부양을 받는다. 이것이 '자연스러운' 생애주기라고 한다. 조금이라도 벗어나면 일탈이다.

양돌

"게이 남성. 그게 전부일 것 같다. 요즘은 사람들이 정체성을 세밀하게 나누고 있긴 한데, 사회적으로 규정된 틀에 자신을 굳이 박제해야 할까 그런 생각이 든다. 사람의 정체성은 계속 바뀔 수도 있는 것이고 혹시 모르는 일이니까. 약간의 여유를 두고 싶다. 지금은 게이 남성으로만 설명하고 싶다. 다른 정체성은 없는 것 같다."

#지정성별_남성 #20대 #수도권_거주 #게이 #학원강사

'안정'의 동일어, 가족

그런데 그 자연스럽다는 생애주기를 도무지 따라갈 수 없게 됐다. '3포 세대'도 오래된 말이다. 5포, 7포, 이제는 셀 수조차 없어 n포라 한다. 포기되는 것은 연애, 결혼, 육아. 너무 신성해서 세상이 동성애자들에게 결코 '허락'할 수 없다는 결혼이 '일반' 청년들 사이에서는 '포기'된다.

세상이 청년들의 '포기'를 안타까워하며 노량진 고시학원과 편의점 야간 아르바이트에 카메라 렌즈를 들이댈 때, 정치철학자 박이대승은 저서에서 이렇게 묻는다. 3포는 누구의 기준에서 포기인가. "지금 20대 불안정 노동자에게 가장 큰 고통이 무엇이냐고 물었을 때 '연애, 결혼, 출산을 포기하는 것'이라고 대답할 사람이 얼마나 될까?"[3] 결혼-육아의 포기는 기성세대가 안타까워하기 좋은 소재일 뿐이다.

"좋은 직장을 얻은 후, 연애하고 결혼해 아이를 낳아 키우는 것이 가장 행복한 삶이라는 생각은 전통적인 중산층 남성의 가치관이다."[4]

지금의 20대는 '사랑만 있다면'을 외칠 만큼 순진하진 않다. '낳으면 저절로 큰다'는 말에 코웃음 친다. '즐거운 나의 집'은 강남 등지에 제법 평수 있는 아파트로 신혼을 시작할 수 있는 이들의 로망일 뿐이다. 그럼에도 젊은 세대에게 가장 큰 고통이 '3포'란 이야기는 아예 틀린 말은 아니다. 한국 사회에서 연애-결혼-출산으로 대표되는 '가족'은 '안정'의 동일어이기 때문이다.

2018년 대학내일 20대연구소의 〈밀레니얼 세대 행복 가치관 탐구 보고서〉가 20대 800명을 조사한 결과, 이들이 으뜸으로 뽑는 가치는 '안정'(42.4%)으로 드러났다.[5] 불확실성이 큰 사회일수록 개인적 안정에 대한 욕구가 커지는 것은 당연

3   박이대승, 《개념 없는 사회를 위한 강의》, 오월의봄, 2017.

4   같은 책. 덧붙여, 박이대승과 청년 정책을 논한 토론에서 여성주의 연구활동가 권김현영은 3포 세대 담론이 남성 중심적일 뿐 아니라, 이성애 가족에 대한 판타지를 전제로 한 담론임을 지적한다. "삼포 세대가 두 가지 효과를 발휘했다고 생각했는데, 하나는 기본적으로 남성 중심적이기도 하지만, 또 하나는 이성애 가족이라고 하는 것에 대한 판타지를 전제한 담론이기 때문에 일정 정도의 보수화를 동반할 수밖에 없다고 강한 비판을 하기도 했었죠." 〈청년 정책·청년 활동 쟁점 정리〉, 불평등과시민성연구소-서울시 청년허브, 2016. 12.

5   〈2018 밀레니얼 세대 행복 가치관 탐구 보고서〉, 대학내일20대연구소, 2018. 2.

한 일. 이어 2위로 선택된 가치는 '가족'(39.5%)이었다. 가족과 안정, 이 둘이 나란히 왕관을 쓴 것은 운명일지도. 우리 사회는 안정과 가족을 혼동해 사용해왔다("결혼해서 얼른 정착해야지"). 모든 정서적 지원과 돌봄, 복지가 이뤄지는 곳을 '안정'이라 부르지 않을 이유가 딱히 없기도 하다.

그럼에도 젊은 세대는 섣불리 혼인신고서를 작성하지 않는다. 결혼에는 이 질문이 따라오기 때문이다. "소는 누가 키우냐." 자녀를 낳아 키우고, 부모를 부양해야 할 사람은 누구인가. 그 모든 돌봄이 이뤄지는 공간에는 누군가의 노동이 따르기 마련이다.

한국에서 소는 가족이 키운다. 국가가 주도적으로 개발 계획을 세워 성장을 꿈꾸던 때 '효'가 강조된 것은, 온 국민의 효심이 갑자기 늘어서가 아니다. 경로 우대 사상이 국가의 복지를 대신했다. '요람에서 무덤까지' 가족이 책임졌다. 개발과 성장에 들어가는 비용이 산업 역군의 구슬땀에만 전가된 것이 아니었다. 도시 빈민촌, 농촌, 저 멀리 베트남 전장까지 비용을 치렀다. 그 모든 역군을 키워내는 가정은 주요한 비용 전담지였다.

그럼에도 '소는 누가 키우냐?'라는 물음에 가정이라 답한다면, 그건 정확하지 않다. '누구'냐고 물었다. 소꼴 먹이는 노동을 하는 건 여성이다.

의심받는 몸의 가사노동

　가정 내 노동은 '여자'라면 누구나 해야 하는 일로 인식된다. 심지어 '가족구성권'을 박탈당한 이들에게도 성별에 따른 노동 책무는 유지된다. 피부양자로만 인식되는 장애여성의 가사노동이 그렇다. 가족구성권으로 가는 길목은 동성애자들에게만 막혀 있지 않다. 법적 성별 정정이 끝난 트랜스젠더의 결혼도, 장애인 부부의 결합도 세상은 탐탁지 않아 한다. 출산율 운운하며 결혼을 권장하던 사회는 특정 몸을 의심한다. "그 몸으로 뭘 한다고?", "애는 어떻게 키우려고?". 사회가 결합을 허락하는 기준에는 '정상성'이 있다.

　'뭘 한다고' 의심받는 몸은 지금껏 '그 몸으로' 가사노동을 해왔다. 장애여성들은 부모와 형제자매가 회사와 학교를 간 사이 집안일을 담당해왔다. 수건을 개고, 걸레질을 하고, 반찬 준비를 한다. 몸이 불편하면 불편한 대로 한다. 장애여성에게 "사람 구실은 해야지" 할 때 그 구실이란 가사노동 기능을 뜻하게 된다.

　'집안일'이 '숙련을 필요로 하지 않는' '여자라면 하는' 일이라는 인식은 장애여성의 신체 기능에 개의치 않고 노동을 요구하게 만드는 동시에, 그네들의 '별것 아닌' 노동을 가린다.[6] 어머니, 아내, 딸로 불리는 이들의 '별것 아닌' 노동에는

6　"돌봄과 생산이 건강한 비장애 남성의
　　몫이라는 생각에서 벗어나야 세상을 움직이는
　　노동에 장애여성이 참여하고 있음을 발견할
　　것이다." 이진희(장애여성공감), 〈세계
　　여/성노동자대회 기획연재: 쉼 없는 그러나
　　보이지 않는 장애여성들의 노동〉, 《참세상》,
　2018. 10. 12.

대가가 없다. 그러나 이들의 '공짜' 노동을 빌리지 않는다면 돌봄은 밖에서 구매해야 할 대상이 된다. 게다가 가정 밖 돌봄노동 주체도 대부분 여성이다.

언제까지나 '즐거운 나의 집'?

누군가의(세상 절반의) 공짜 노동을 사회적으로 납득시키는 방식에 바로 가족 부양 중심의 임금제도가 있다. 부양자 남편과 가정주부라는 이성애 중심의 모델. 그에 걸맞게 기업은 연공서열제 등을 통해 가족 임금 체계를 갖춰나갔다. 가족 임금이란 단지 가족수당 등을 통해 한 가족의 대표자(가장)에게 주는 임금임을 명시한 월급 형태를 말하는 것이 아니다. 가장의 벌이가 절대적이 되어야 한다는 지시다. 그것은 가장이 아닌 여성의 노동을 부차적인 것으로 만든다.

가족 중심으로 이뤄지는 임금과 기업 복지는 성소수자 직장인들 눈에 확연히 들어오는 차별이기도 하다.

"배우자에 관한 수당이나 휴가. 진짜 너무 많거든요. 돌려받을 수 없는 돈도 많죠. 상조회가 강한 직장이라서. 결혼식, 돌잔치. 저는 죽으면 연금을 다 국가에 줘야 해요. 제가 나라를 이렇게 생각합니다.(웃음)"[7]

7   강표(게이, 공무원)와의 인터뷰.

단순히 금액 문제가 아니다. 비어 있는 수당 칸은 존재들의 비합법성을 계속 상기시킨다. 사라지는 돈보다 마음 아린 것은 나와 가장 가까운 사람을 인정받지 못하는 것이다. 배우자나 애인이 큰일을 당해도 회사를 비울 수 없다. 개인 연차를 사용해야 하는데, 휴가를 반기지 않는 우리네 직장은 사유를 묻는다. "친구가 수술 받는데 네가 왜 연차를 쓰냐"[8] 핀잔을 받게 된다. (연차나 제대로 쓸 수 있는 직장이 얼마나 되겠느냐만.) 직장이 상상하고 고려할 수 있는 사적 영역은 오로지 '가족'뿐이다.

하지만 요즘 가족수당 주는 직장이 얼마나 된다고. 혼자 벌어 가계를 유지할 수 있는 가정도 크게 줄었다. 그간 '가족'이 국가를 대신해 모든 재생산과 복지를 감당할 수 있었던 배경에는 호봉제로 이뤄진 평생직장이 있었다. 이제 그런 직장은 사라졌다. 호봉제를 적용받는 직원 비율은 절반 이하로 떨어졌다.[9] 성과 배분이나 연봉제로 변경되거나 비정규직 일자리가 됐다.

그럼에도 여전히 기업의 보상 체계는 '가족'을 기본 단위로 굴러간다. 복리후생은 물론 경조사/휴가 사용 범위마저 가족 단위다. 기업은 여전히 노동자를 키워내고 먹이고 입혀 다시 일터로 돌려보내는 '즐거운 나의 집'을 꿈꾼다. 바깥양반과 가정주부라는 역할극을 믿는 척하면 기업 입장에선 절감

---

8 직장 내 권리만이 아니다. 가족을 기본 단위로 하는 사회는 주거, 의료 등 생존과 관련한 기본 권리를 가족에게 위임한다. 이때 법적 가족이 될 수 없는 성소수자 파트너(그리고 비혼 동거인, 애인, 친구 등)에게는 선택권이 없다.

9 2016년 고용노동부 조사 결과, 호봉제 적용 노동자 비율은 49.9%이다.

되는 비용이 많다. 여자의 몸은 직장, 즉 '밖'에 있어도, 정신은 어린이집, 학교, 학원, 수영장, 가족의례장…… 그러니까 가정에 갇혀 있다. 우에노 지즈코와 미나시타 기류는《비혼입니다만, 그게 어쨌다구요?!》에서 남자는 '사축'(회사에서 기르는 가축), 여성은 '가축'이라고 비유했다.[10] 쥐어짜듯 소모시킨 노동력(사축)은 '집안의 노동자'(가축)의 공짜 노동(부불노동)을 통해 회복된다. 무한히 착즙 가능한 노동.

떠넘기고 떠넘기고 떠넘기고……

가축이 될 일은 없는 20~30대 성소수자 여성들. 모두 같은 생각을 지닌 것은 아니지만, 인터뷰를 통해 만난 여성들은 결혼의 로망 같은 것을 이야기하지 않았다. 게이 정체성을 가진 이들과의 대화에서 자주 듣던 결혼에 대한 갈망이 상대적으로 적었다. 시절이 그랬다. 비혼, 특히 결혼하지 않은 여성의 비율이 늘어나고 있다.

결혼을 꿈꾸지 않는다고 모든 것이 해결된 것은 아니다. 연인과 손잡고 거리를 다니지 못한다는 사실만으로도 충분히 아프다. 혼자 꾸리는 노후는 당연히 걱정된다. '여성 빈곤'이라는 말이 있듯, '여성'과 '빈곤'은 뗄레야 뗄 수 없다.

10   우에노 지즈코·미나시타 기류,
     《비혼입니다만, 그게 어쨌다구요?!》,
     조승미 옮김, 동녘, 2017.

그럼에도 이들은 인생에 '가족'이 주어지지 않는 것에 크게 불만을 표시하지 않는다. 가족이 나를 돌봐줄 거라는 기대가 상대적으로 적기 때문이다. 가족은 돌봄(노동)의 장소이지만, 누구나 '돌봄'이라는 따뜻한 추상어의 수혜자가 되는 것은 아니다. 부부의 병간호 비율 차이만 봐도 그렇다. 남편보다 아내가 아플 때 이혼율이 더 높다는 조사 결과를 볼 필요도 없다.[11] 주변 증언만으로도 충분하다. 여자는 누군가에게 편히 돌봄을 기대할 처지가 못 된다.

반면 결혼 제도에 들어서지 않는 여성은 누군가를 '돌보는' 사람으로도, '부양을 하는' 사람으로도 여겨지지 않는다. 이들은 '비생산'적 존재로 낙인찍힌다. '부양자'에게 지원되는 혜택(청약주택 등)에서도 배제된다. 그러나 생산과 비생산은 국가가 나눈 자의적 기준일 뿐이다.

인터뷰 자리에서 성소수자 여성들은 자신의 미래에 원가족에 대한 돌봄 책임을 넣었다. 현실적인 고민이다. 우리보다 앞서 고령 사회를 맞은 일본의 경우, 고령자 4분의 1이 비혼 자녀와 함께 살고 있다.

바이섹슈얼 부영은 20대 중반 나이에 미래를 떠올리며 가족 부양을 이야기했다.

"내가 제도적 결혼을 안 하면, 지금 동생하고 언니한테 지원을 해줘야 할 것 같은 생각이 들어요. 가족에게 해줘야 한

---

11 2013년 12월 《중앙일보》가 암 환자 251명을 대상으로 면접조사한 결과, 여성 환자의 경우 본인이 스스로를 간병하는 경우가 36.9%로 가장 많았고, 남자 암 환자는 배우자가 간병하는 경우가 96.7%에 달했다. 〈더 서러운 여성 암 환자… 아내가 남편 수발 97%, 남편이 아내 간병 28%〉, 《중앙일보》, 2014. 4. 14.

다는 부담이 계속 머무를 것 같은. 내 자식이 있지 않는 한 계속 해줘야 할 거고 그래서 빈곤해지고 싶진 않다, 이런 생각이요. 나도 해주고 싶은 게 있으니까."

지금껏 부양은 남성 몫으로 여겨졌지만 실제 그 노동을 수행한 이들이 누구였는지, 젊은 여성들이 가지고 있는 부담감으로 확인할 수 있다. "국가는 가족에게 떠넘기고, 남자는 여자에게 떠넘기고, 기혼자는 비혼자에게 떠넘긴다."[12] 그렇게 돌봄은 여성 비혼자들에게 넘겨진다. 다만 장애인 여성의 가사노동처럼 이들의 노동도 주목받지 못할 뿐이다.

남자 없이 잘 살아

비혼을 선택한 여성들은 생애주기에서 성소수자들과 비슷한 경험에 봉착하게 된다. (이성애에 기반을 둔) 기존 관계들과의 틀어짐이다.

성연은 '페미니즘 리부트'[13]를 겪은 또래 여성들처럼 결혼제도에 대한 문제의식으로 비혼을 '선택'했다. 그는 모범생이었다. 학교가 가르쳐준 것 이외의 세상은 몰랐고 알려고 하지 않았다. 교사는 안정적인 직업이라 해서 교대에 갔고, 그곳에서 '여자 대학생' 역할을 수행했다. 살을 빼고 머리를 손질하

---

12 〈국가는 가족에, 가족은 비혼자에 떠넘겨〉(지은숙 한림대 일본학연구소 연구원 인터뷰),《경향신문》, 2018. 1. 27.

13 한국에서 2015년을 전후로 한 '페미니즘 붐'을 설명하기 위해 문화연구자 손희정이 고안한 개념이다. 동명의 저서가 있다. 손희정,《페미니즘 리부트》, 나무연필, 2017.

고 공부만 했다. 그런 성연에게도 2015년이 왔다. 강남역 살인 사건을 시작으로 '우리에겐_페미니스트_선생님이_필요합니다' 해시태그 운동까지 일련의 사건들이 성연의 시간으로 들어왔다. 이때 여자로서의 일생은 물론, 사회가 '옳다고' 일러준 삶에 의문이 들었다. 의문은 확장되어 자신의 성정체성(퀘스처너리)을 재인식하는 데까지 나아갔다.

이성애-정상가족 규범을 벗어던질 생각으로 성연은 비혼을 선택했다. 자신의 정체성과는 별개의 문제로 말이다. 그런데 인생에서 결혼이 사라지자 관계마저 달라지는 것을 느낀다.

"동료들과 관계를 쌓을 때 서로의 삶을 공유하면서 공감대가 형성되는 거잖아요. 그런데 생활을 공유하는 것 자체가 불가능한 거예요. 결혼이나 이런 이야기를 할 수 없고. 동료들은 동질감을 원하는데, 저는 이질적인 존재인 거잖아요. 점점 이야기를 나누기 힘든 거죠. 요즘 좀 외롭다는 생각을 하는 것 같아요."

직장에서 자주 활용되는 것이 동료나 선망 집단과의 '동화 전략'이다. 성연은 이제 그 전략을 사용할 수 없다. 기혼 여성이 가정이라는 영역에서 이성애에 기반을 둔 관계를 만들고 있을 때, 비혼 여성의 시간도 흘러간다. 이들에겐 새로운 관계 맺음이 필요하다.

단순하게 말하자면 그건 "남자 없이 잘 사는" 일이고, 음양의 조화라며 권장받아온 남성과 여성의 조합으로만 관계를 보는 시선을 벗어나는 것이다. 이전까지 배워온 "이성애 친밀성 각본"[14]과는 다른 관계와 서사를 가져야 한다. 애당초 친밀한 이성애 각본 같은 것은 가질 수 없던 성소수자의 서사와 비혼 여성의 서사가 만나는 지점이다.

성연

"나를 구성하는 정체성 중 중요하다고 생각하는 것은 교육 노동자, 페미니스트, 그리고 퀴어. 퀴어를 나의 정체성으로 받아들인 지는 얼마 되지 않아서 지금도 계속 고민하고 있다. 명확하게 정체성을 정의하는 것이 무의미하다는 생각도 들고, 지금은 퀴어라고만 정체화해도 충분한 것 같다. 또 딸로서의 정체성도 상당 부분 나를 구성하는 것 같다."

#지정성별_여성 #20대 #수도권_거주 #퀘스처너리 #초등학교_정교사

---

14   김순남, 〈이성애 비혼여성으로
      살아가기: 지속 가능한 비혼, 젠더,
      친밀성〉,《한국여성학》 32(1), 2016. 3.

다르게 흘러가는 시계들

문제는 자신의 삶을 다르게 서사화할 자원이 이들에게 턱없이 부족하다는 점이다.

"몇 살 때쯤 결혼하고 육아하고 은퇴하고 저축하고 이런 계획이라는 게 있고 그것에 맞춰 사회적 제도들이 있고. 그에 따라 지원제도를 신청하고 포기하고, 이런 선택지들. 우리(퀴어)는 선택지 앞에서 막히는 부분이 많죠."[15]

선택할 수 없다. 모든 제도가 '미래'를 위해 존재하고 '미래'만을 지원하기 때문이다. 개미가 여름에 일하는 까닭은 겨울의 평온함을 위해서다. 〈개미와 베짱이〉 우화는 교과서에 실리고 우리는 개미의 시간을 배운다. 미래의 성취와 보상을 위해 살아가는 현재의 시간. '미래'를 성공, 성취, 계발, 발전과 동일어로 쓰기를 요구받는다.

그 미래를 앞당기기 위해 현재의 걸음에 속도가 붙는다. 청년 또한 미래의 유의어다. 미숙-성취-쇠퇴라는 시간 개념이 인간의 세월에도 적용된다. 그런데 모두가 속도를 올릴 수 있는 건 아니다. 모두가 거침없이 뛰어야 한다는 사회에 맞지 않는 몸이 있다. 이들의 몸은 자연스레 '청년'이 되지 않는다. 청년이란 언어가 이토록 회자되지만 청년 장애인이란 말은 흔히 쓰이지 않는다. 장애인-청년-예비 노동자의 취업 준비

---

15 루카(게이, 민주노총 법률원 송무
    담당)와의 인터뷰.

기간을 가늠할 수 있을까. 구직을 위해 훈련하고 미래를 준비하는 시간이 청년의 시간이라면, 취업 없이 '준비생' 자격만 계속 연장되는 장애인에게 청년이라는 수식어는 무슨 의미가 있을까.

성소수자의 몸 또한 그렇다. 성장하는 과정에서 자신의 정체성을 발견하고 인정하고 언어화하는 시간이 필요했던 성소수자는 '일반인'과 다른 학창 시절을 보낸다. 모든 것이 모호한 안개 낀 길을 더듬어 걷다보면, 세상의 속도에 맞출 수 없다. 과거가 다르니 현재의 의미가 같을 수 없고, 현재가 다르니 미래 또한 동일할 수 없다. 일반적인 생애주기가 이들에겐 맞지 않는다. 더구나 트랜스젠더는 트랜지션 전과 후의 생애가 둘로 쪼개진다(쪼개 분리시킬 것을 요구받는다). 둘로 나뉜 인생을 이고서 기존 사회의 시간을 좇기란 쉽지 않다. 애초 성소수자들은 자본주의와 다른 시계를 가지고 있다.

그러나 성소수자와 비성소수자의 생애주기가 갈라지는 것이 단지 시간과 속도만의 문제만은 아니다. 미래 지향적 시간은 가족이라는 틀이 없다면 흘러갈 수 없다. 개미가 여름 땡볕에 먹이를 물어 저장해두는 곳은 집(가정)이다. '보호되어야 할 미숙'과 '쇠퇴하고 있는 노년'이라는 개념을 재생산하고, 이들을 부양하는 공간도 가정이다. '미래'를 담당할 젊음을 키워내고 재충전시키는 곳도 집이다. 가정에서 이뤄지는 노동력 재생산과 생산노동 없이는 자본주의의 시간을 논할 수 없다. 그러니 '3포'가 큰일이라며 호들갑을 떠는 게다.

누구든 가족이 될 수 있잖아요?

성소수자들의 시계는 초침 가는 곳을 모른다. 미래는 불확실하다. 그 반동으로 가정을 더 찾기도 한다. '포기'해야 하는 것만 늘어나는 비성소수자들도 그렇다. 개미처럼 일해도 겨울에 굶어 죽지 않을 거라 안심할 수 없다. 보상을 줄 수 없는 것은 직장만이 아니다. 온 사회가 보상을 약속할 수 없다. 외부의 불안이 늘어날수록 '가정으로의 회귀'는 손쉽게 일어난다.

동시에 모두가 안개 낀 길을 걷기에, 개미의 안위를 보장하던 가정을 탈피해 새로운 관계와 생애주기를 꿈꾸는 시도도 일어나기 마련이다. 어차피 앞이 안 보이니까. 결혼할 자격을 박탈당한 이들은 다른 꿈을 꾸기 시작한다.

가족 중심의 상상력을 벗어나는 건 쉬운 일이 아니다. 퀴어 혐오 세력이 '동성애 반대'를 하며 사용하는 문구 중 하나가 "남자 며느리에 여자 사위?"임을 떠올려보자. 문구는 신박하지만, 상상력의 폭이 너무 좁다. 그들이 며느리가 되고 사위가 되어 가족제도에 들어갈 것이라 여긴다.

이들에게 맞서는 성소수자들의 요구와 물음은 근대 자본주의가 필요에 의해 묶어둔 가족의 협소함을 훌쩍 넘어선다. 다른 상상을 하게 한다. 국가가 결혼(할 수 있는 자)의 적법성을 묻자, 그 적법성을 만들어내는 구조에 의문을 던진 것이다. 꼭 혼인을 기초로 한 가족이어야 하는가? 혼인과 혈연만이 가족의 구성 조건이어야 하는가?

동일한 성별의 결합을 애인이나 배우자로 인정하지 않고, 너흰 '친구' 아니냐고 하는 세상을 향해 성소수자들은 도리어 묻는다. 그렇다면 가족구성원의 자리에 '친구'를 두면 안 되느냐고. 마지막에 손 잡아줄 사람을 찾는 양돌 또한 그 사람이 꼭 법적 가족이길 바라지 않는다. 애인이나 배우자가 아니어도 좋다고 한다. (동성결혼 법제화를 바라는 것과는 별개로) "누구든 가족이 될 수 있잖아요?" 묻는다.

생활동반자를 꿈꾸며

"같이 평생을 지내고 싶은 사람이 생기면, 결혼을 할 수도 있겠죠."

인권운동단체에서 일하는 수정은 동성결혼 소식을 직장

에 알리는 일은 부담이 한결 적을 거라 했다. 반면 가족은 넘기 힘든 장벽이다. 그럼에도 평생을 나누고 싶은 사람이 생기면 가족에게 말하겠다고 각오를 다진다. 자신의 가장 소중한 관계를 인정받고자 한다. 가족에게 인정받는다 해도 현실의 장벽은 여전하다. 법적 권한이 일체 없기에, 수술 동의서에 서명조차 하기 힘들다. 파트너가 아파도 보호자가 될 자격을 얻지 못한다.

수정 같은 이들은 대안으로 '동반자등록법'(생활동반자법)을 이야기한다. 혈연이나 혼인제도 없이 가족의 개념을 확장해, 서로에 대해 권리와 의무를 가진 새로운 법적 주체를 인정하는 제도다. 일부 유럽 국가 그리고 최근 일본도 생활동반자 제도를 도입했다.[16]

이들 국가의 사례를 보면, 성소수자들만이 생활동반자법을 요구하는 것은 아니다. 가족을 이룰 수 없거나 혼인을 매개로 가족을 구성하는 방식에 갇혀 관계를 맺지 않으려는 모든 이들에게 필요하다.[17]

"내게 어떤 일이 생겼을 때 혈연 가족이 모든 권리를 가져가게 되면, 내가 맺었던 관계는 다 사라져버리게 되는 거잖아요. 대부분 스무 살 넘어 가족들과 독립하고 살면서 새로운 관계들을 맺죠. 그 관계 안에서 더 많은 것들을 나눌 수 있고, 그런 사람들과 공동체를 구성할 수 있고, 그런 일들이 가능해

---

16 일본의 경우, 2015년 도쿄의 동성 간 법률상 혼인에 상응하는 파트너십을 인정하는 '파트너십 증명제도'를 시작으로, 2019년 1월에는 치바시가 지자체 차원에서 성별 구분 없는 '파트너십'을 제도화했다. 프랑스의 팍스(Pacte civil de solidarite, 시민연대계약)를 비롯해 유럽은 1990년대부터 성별과 관계없이 혼인에 준하는 생활공동체 제도를 도입해왔다.

17 생활동반자법 제정 촉구는 2017년 청와대 국민청원에 올라와 6만 명에 가까운 이들의 서명을 받기도 했다.

지면 좋겠다고 생각해요."

생활동반자법 제정은 자신을 컨베이어 벨트와 동일시하는 자본주의의 시간에 구멍을 뚫는, 작지만 의미 있는 시작일 것이다.[18] 모두가 동일한 생애주기를 가지고 살아갈 순 없다. 가축과 사축의 삶을 재생산하기 위해 우리가 존재하고, 시간이 흘러가는 것이 아니라면, '정상 가족'에 대해 문제제기하는 지금의 흐름에 동참해 물어야 한다. '즐거운 나의 집'이 그간 무엇을 위해 지속되어왔는지. 누구의 노동으로 유지되는지. 무엇을 유지하기 위해 누군가에게서 가족을 구성할 권리조차 빼앗는지.

고독하지 않은 미래

앞서 소개한 곡 〈무사히 할머니가 될 수 있을까?〉에서 '무사히'라는 단어는 안정을 떠올리게 하지만, 그다음 구절은 사뭇 다르다. "나이를 먹는 것은 두렵지 않아. 상냥함을 잃어가는 것이 두려울 뿐." 할머니가 될 수 있을까 의문하게 하는 건 현실의 불안 요소만이 아닐 테다. 우에노 지즈코의 《누구나 혼자인 시대의 죽음》에는 이런 말이 나온다.

"고독사라는 건 그 전부터 고독하게 살던 사람의 얘기다.

---

18 미나시타 기류는 《비혼입니다만, 그게 어쨌다구요?!》에서 비혼이 생겨나는 등 달라진 결혼 문화를 보며 말했다. "일본 사회를 균질하게 만든 벨트컨베이어가 움직이는 풍경이 떠올랐다. 이제 벨트컨베이어는 그 폭이 줄었고 구멍이 마구 뚫렸다."

혼자 살아도 고독하지 않으면 고독사가 아니다."[19]

세상은 규범적인 생애주기에서 벗어나는 일을 고독해지는 지름길이라 했다. 이성애 중심의 친밀성은, 연애-결혼-자녀라는 공통 화두가 없는 이들의 외로움과 불안을 자극하며 포섭과 배제를 해나갔다. 그러나 결국 가장 고독해지는 건 관계를 잃는 것보다 자신을 잃는 것일 테다.

자신을 잃지 않고 생애 서사를 만들어갈 수 있을까? 새로운 관계를 만들어갈 수 있을까? 다른 방식의 노동과 재생산을 모색할 수 있을까? 이 세상의 시간성에 매몰되지 않고, "고유한 삶의 방식을 만들고" "평등을 성취"[20]하며 상냥하게 늙어갈 수 있을까?

19   우에노 지즈코, 《누구나 혼자인 시대의 죽음》, 송경원 옮김, 어른의시간, 2016.

20   〈한국 LGBTI 커뮤니티 사회적 욕구조사〉 설문에 등장하는 문항으로, 결혼에 대한 관점을 묻고 있다. "질문: (정확하게 일치하는 것이 없다고 하더라도) 귀하의 관점에 가까운 것은 무엇입니까?

보기1: 평등을 성취할 수 있는 좋은 방법은 LGBTI가 결혼과 같은 기존 문화와 제도에 포함되는 것이다.
보기2: LGBTI는 우리만의 고유하고 독특한 문화와 삶의 방식을 만들고 지키면서 평등을 성취해야 한다.
보기 2를 선택한 성소수자 응답자가 절반에 가까웠다(42.2%)."

성소수자들의 파트너/관계 인정

〈한국 LGBTI 커뮤니티 사회적 욕구조사 보고서〉에 따르면, 파트너와의 관계를 인정받고 함께 사는 것은 LGBTI에게 중요한 의미가 있다. 파트너와의 결혼이나 관계의 사회적 인정이 '매우' 또는 '어느 정도' 중요하다고 응답한 이는 약 86%를 웃돌았다. 그러나 현실은 멀기만 하다. 또 다른 문항인 "다른 사람의 시선이나 수군거림 때문에 동성의 연인과 길거리에서 손을 잡는 것을 꺼립니까?"라는 질문에 40%에 가까운 이들이 "그렇다"라고 답했다.

'파트너 관계 및 공동 생활을 유지하는 데 가장 시급히 필요한 제도'가 무엇인지 물었을 때, 가장 많이 선택한 것은 '수술 동의 등 의료 과정에서 가족으로 권리 행사'였고, 그다음으로 '국민건강보험 부양-피부양 관계 인정'을 선택했다. 모두 의료·건강권 등 생존과 직결된 제도들이다.

우리는 차별이 무엇인지 모른다

《88만원 세대》를 쓴 우석훈은《조직의 재발견》에서 "우리나라의 많은 기업 조직이 마치 사오십 대 남성을 위해서 만들어진 것이기라도 하듯 이 사람들의 문화적 취향과 역사의식, 심지어는 사회적 편견까지도 이들을 위해 최적화된 조직으로 진화해왔다는 가설"[1]을 세울 수 있다고 지적했다.

그 취향과 편견, 문화적 획일성이 많은 이를 괴롭게 한다. 어렵게 들어간 직장을 청년들이 자꾸 그만두는 데는 이유가 있다. 실무적인 의사 결정 권한을 쥐고 있는 특정 집단이 자신들에게 불편함 없이 조직을 구성하고 운영한다. 그 안에서는 여성도, 장애인도, 성소수자도, 어떠한 사회적 약자와 소수적 정체성도 살아남을 수 없다.

---

[1]   우석훈,《조직의 재발견》, 개마고원,
      2008.

이런 상황에서 퀴어가 일할 수 있는 환경을 만들기 위해 무엇이 필요한지를 인터뷰이에게 물었다. IT 업종에서 일하는 소유는 이런저런 말을 나눠주었다.

"노조가 있었다면 노조를 통해서 바꾸려고 했을 것 같아요. 그런 건 기대할 수 없고. 교육이 있었으면 좋겠다는 생각이 들죠. 진지하게 생각해보면 별 기대는 안 돼요. 직장에서 유일하게 받은 건 성폭력 예방 교육인데, 영상 보고 끝. 전혀 영향을 미치지 않은 것 같아요. 모든 평등을 강력하게 관철시켜나가려 하는 문화가 필요할 테고. 그럼 사내 모임 같은 걸 만들어야 하는 게 아닐까 생각이 들어요. 평등에 관한, 페미니즘 모임이나 이런 것."

현실에 맞춰 가능한 수위를 잰다. 교육이나 회사 내규 등은 직장 내 성폭력이나 성차별 문제를 해결하려 할 때도 종종 이야기되는 방식이다. 성평등 교육은 1년에 1회 형식적으로 이수하는 억지 놀음으로 전락하고 있지만, 그럼에도 한편으로 공적 영역에서 가시화된 차별을 줄이는 효과를 냈다.

그러나 정부조차 이들의 존재를 인정하길 꺼려하는 현실에서 성소수자 인권 교육은 먼 이야기다. 그런 현실을 이리저리 재다가 평등에 관한 모임에까지 생각이 미치게 된 것이다.

누군가는 회사 내에 '퀴어 모임'이 만들어졌으면 한다는 바람을 말했다가 정정하기도 했다. 존재를 숨긴 이는 들킬 것을 걱정했고, 커밍아웃을 한 이는 모임이 생기면 사람들의 궁금증이 커질 것을 염려했다. 호기심 섞인 질문에 일일이 답해주기 지친다고 했다. 지친다고 말했으나 상처 입는다는 표현이 더 맞을지도 모르겠다.

대안적 문화를 지닌 직장이라면 다를까. "나로 일하는 것"이 가능하다는 수정. 소수자 인권운동을 하는 단체에서 일한다. 수정은 정체성을 숨기거나 움츠리지 않고 일할 수 있는 조건을 소박하게 말했다.

"적어도 그런 게 왜 잘못 혹은 실수인지 알려줄 수 있는 사람들이 조금 더 많은 공간."

정체성을 비하하거나 차별하는 말과 행위가 무엇인지 알아차리는 사람들이 많아져야 한다고 했다. 이 소박한 조건은 수정의 일터가 이윤을 좇는 기업과는 다른 공간이기에 가능한 일이다.[2]

그래서 수정에게 하는 질문은 자꾸만 미끄러졌다. 일터에서의 남녀의 역할에 대해 알아보기 위해 "무거운 것은 남자가 들어야지, 이런 것은 없나요?"라고 물으면 "장애인 활동가들도 있기 때문에, 무거운 짐은 그 무게를 들 수 있는 사람이 드는 걸로"라는 답이 왔다. 이 미끄러짐은 내가 그리고 있는 여자/남자 역할이 얼마나 '신체 건강한' '정상인' 표본에서 벗어

---

2 우연이 혁신학교로 일터를 옮기며 남성연대에 편입되길 거부했듯, 수정이 선택한 안전한 공간(일터/활동처)은 인권단체였다. 소수자에게 결코 관대하지 않은 사회에서도 이들은 자신의 삶을 좀 더 안전하게 만들면서도 자신이 가진 가치로 세상과 공명할 수 있는 선택들을 한다. 그것이 직업 선택과도 연결된다.

나 있지 못한지를 깨닫게 했다.

신체장애인이 일하는 공간에 정신장애인도, 질환자도 일할 수 있고 퀴어도 일할 수 있다. 다양성의 측면만을 이야기하는 것이 아니다. 다양한 몸과 일한다는 것은 속도, 능률, 효용 등을 기존 체제와는 전혀 다른 시선으로 바라보고 기대해야 하는 일이다. 여성 철학자 수전 웬델은 "삶의 속도는 장애를 구성하는 사회 요인의 하나"[3]라고 했다. 비하와 언어·신체적 폭력만 차별이고 괴롭힘이 아니다. 일괄적인 잣대를 모든 존재에게 들이대는 것이 차별이다. 이 사회에서는 나이 듦조차 장애가 된다. 속도를 따라잡을 수 없으니까. 효율성 없는 몸으로 취급된다. 타인에게 던진 차별은 결국 (나이 들어가는) 나에게도 돌아온다.

누구나 함께 지낼 수 있는 공간이 되려면 차별과 평등에 대한 감수성이 전제되어야 한다. 그런데 우리 사회는 차별이 무엇인지에 대한 자각이 없다. 차별금지법제정연대의 슬로건이 떠오른다.

"차별을 알아차리기 위해 차별금지법이 필요합니다."[4]

차별금지법이란 '개인 인권 보호를 위해 합리적이지 않은 모든 종류의 차별을 금지하는 법률'로 성별, 종교, 장애, 나이, 인종, 피부색 등을 이유로 한 차별 행위를 금하는 내용을 담

---

3 수전 웬델,《거부당한 몸》, 강진영·김은정·황지성 옮김, 그린비, 2013.

4 차별금지법제정연대,〈포괄적 차별금지법 제정운동 10문 10답. https://equalityact.kr/archive/

고 있다.

차별금지법은 구제 대상을 명시한 법이라는 실질적인 효용을 넘어, 현재 한국 사회의 평등과 차별 감수성이 어떤 수준인지 묻고 가늠하는 상징적인 존재다.

"누구나 차별은 나쁜 것이라고 생각하지만 무엇이 차별인지에 대해서는 사회적으로 토론해본 적이 없습니다. 무엇이 차별인지 더욱 잘, 더욱 많이 알아차릴 수 있다면 우리는 그만큼 차별을 줄여갈 수 있습니다."[5]

누구도 관심 갖지 않고 토론해본 적 없는 차별은 제어되지도 제거되지도 않는다. 차별을 명명하는 순간 차별은 드러난다. 그래서 차별을 콕 짚어 말하면 반대에 부딪히기 마련이다. 차별금지법 제정 과정에서 큰 반대에 부딪히는 항목은 '성적지향'이다. 성적지향에 따른 차별을 금지하는 법을 보수세력은 '동성애허용 법안'이라 불렀다. 미국과 유럽 등지에서는 19세기부터 제정된 차별금지법이 한국에서는 2007년 이래 10년째 성적지향, 병력, 언어, 출신 국가 등 7개 사유를 삭제당한 채, 현재(20대 국회) 발의조차 되지 못하고 있는 실정이다. 성적지향 등 7개의 차별은 법에 이름을 올릴 수 없다. 그러나 명명이 없다면 무엇이 차별인지 토론되지 못한다. 이것이 (성적지향 항목이 포함된) 포괄적 차별금지법이 제정되어야 하는 이유다.

5   같은 글.

"차별을 알아차리기 위해 차별금지법이 필요합니다."

우리는 여전히 차별이 무엇인지 모른다.

퀴어인 당신은
다르게 노동하고 있나요?

- **부영(바이섹슈얼)**: 교실에서 학생들한테 절대 '남자답다', '여자답다' 이런 말을 쓰지 않는 것. 학생들 중에 혹시 퀴어가 있을 수 있으니 말조심하는 것.

- **우연(게이)**: 내가 교사를 하는 것이 학생들에게 다양한 사람이 있다는 것을 보여주는 길이라 생각한다.

- **루카(게이)**: 내가 성소수자가 아니라면, 그렇게까지 (일터에서) 문제 제기를 했을까 하는 생각이 든다. 나 자신이 지속적으로 차별받아온 성소수자였기 때문에, 차별에 대한 감각이 내게 있었기에 차별에 민감하게 반응할 수 있었던 것 같다.

- **마늘(젠더퀴어):** 콜센터에서는 성별을 남자 혹은 여자로 분류한다. 목소리가 굵은지 가는지로 성별을 판단하고, 목소리가 다르면 본인인지 한번 더 확인하는 절차를 갖는데, 나는 목소리가 달라도 따로 확인하지 않고 넘어간다.

- **혜민(바이섹슈얼):** 사소한 것이지만, 누군가를 쳐다보지 않는다. 숏컷인 여성, 장발인 남성 등을 내가 아무 의미 없이 쳐다봤다고 해도 그 사람은 그런 일로 하루에 몇 번씩 상처 입을 테니까. 쳐다보지 않고 일부러 나나름의 의연함을 갖추려고 한다. 세상에는 다양한 정체성이 있는데, 누군가의 정체성에 놀라는 건 이상한 일이라고 생각하기에.

- **수정(레즈비언):** 다양한 사람들에게 시선이 간다. (장애인 인권단체에서 일하게 되면서) 세상에 똑같은 장애인은 없다고 말하게 됐다. 다 각자의 모습이 있다. 다양한 사람들을 있는 그대로의 모습으로 볼 수 있게 된 것 같다.

- **채연(에이섹슈얼):** 휴식 시간에 사람들이 타인의 삶에 대해 지적하는 일이 참 많다. 되도록 그런 대화에 끼지 않으려고 한다. 내 인생이 남들과 다르고, 그게 이상하거나 잘못된 인생이 아니라는 걸 오랫동안 생각해왔으니까. 다른 사람 인생에 대해 스테레오 타입을 두고 이렇게 살아야 해, 말하지 않으려 한다.

- **하늘(레즈비언)**: 전화할 때 내 스타일을 고집한다. (여자답거나 상냥하지 않다고) 누가 뭐라고 하든지 간에.

- **성연(퀘스처너리)**: 퀴어라는 존재가 사회에서 정한 경계를 넘나드는 존재이기에, 노동 영역에서도 경계를 더 자유롭게 넘나드는 역할을 하지 않을까 싶다. 퀴어인 교육노동자라면 지금껏 관성적으로 반복해온 교육 내용에서 벗어나 다른 상상력을 발휘할 수 있을 것이고, 그런 노동이 세상을 더 풍부하게 할 것이다.

- **미리(바이섹슈얼)**: 세상을 삐딱하게 볼 수 있도록 도와주는 것 같다. 나 말고 다른 약자들에게 관심을 가질 수 있는 기회. 내 소수성들이 이런 배려를 만든 거야, 편견 없이 보려고 하는 관점을 만들고. 이런 생각을 한다. 감사하다. 내가 소수자인 것에 감사하다.

낡은 작동 설명서를 버리고

"결국 우리는 모두 퀴어죠. ……
정말 너무나 퀴어죠."[1]

1   크리스토퍼 이셔우드, 《베를린이여
     안녕》, 성은애 옮김, 창비, 2015.

평범함 속의 잔인함

　일하는 성소수자 10명 중 8명이 자신의 성정체성을 말하지 못한다고 한다.[2] 어떤 점이 보완되면 성소수자들이 다닐 만한 직장이 되겠느냐고 물었을 때, 정현은 갸우뚱거렸다. 과연 달라지겠냐는 반응이다.

　"사람들이 내 주변에 누가 있는지 모르는데, 효과가 있을까요?"

　누가 있는지 눈치도 못 챈다. 동료 중 머리에 뿔 달린 사람이 없어서 그렇다. 존재를 알려줘도 잊는다. 내가 다니는 직장에 성소수자가 있다는 사실을. '너무도 특이'해서 잊을 수

2　직장을 다닌 경험이 있는 응답자 2,455명 중 57.7%가 자신의 정체성을 아는 직장 동료가 아무도 없다고 했고, 23.4%가 '거의 모른다'고 답했다. 응답자의 대부분인 81.1%가 직장에서 자신의 성정체성을 숨기며 일하고 있다는 이야기다. 〈한국 LGBTI 커뮤니티 사회적 욕구조사〉, 한국게이인권운동단체 친구사이, 2014.

없을 것 같지만 성소수자라는 존재는 의외로 잘 잊힌다. '상대적으로' 커밍아웃하기 수월한 조건이라 한 소유의 이야기를 해보자. 소유는 IT 회사에 근무하는데, 지금 회사의 창립 멤버다. 선임 권력이 있다. 직장 관계에서 '을'은 확실히 아니다. 개인주의 문화가 강한 업종 특성도 커밍아웃을 도왔다.

소유는 주변 동료들에게 성적지향(게이)을 밝혔다. 크게 달라진 것은 없다. 이직이 잦은 업종이다. 팀도 자주 변동된다. 게다가 소유는 사람들과 사적인 친분을 나누는 성향이 아니었다. 동료들과 연애 이야기도 생활사도 잘 나누지 않는다고 했다. 이유를 묻자 누구와 가깝게 어울리는 성격이 아니라고 답했다. 그러다 잠시 생각하더니 "내 정체성이 이렇지 않았어도 교류가 없었을까요?"라고 되물었다.

"회식할 때 한 명이 주말에 영화 보러 간다고 하니까, 사람들이 누구랑 가냐고 묻는 거예요. 친구랑 간다고 하니까, 남자끼리 가냐고 '더럽다'고 그러는 거예요. (호모)포비아적인 대화를 하는 거죠. 그 사람은 내가 어떤 사람인지 알고 있는데도 제 앞에서 그런 식으로 말하는 거예요."

'내가 어떤 사람인지' 소유는 동료들이 안다고 생각했다. 그러나 사람들은 자주 잊었다. 이성애가 전부라 여기는 사고는 숨쉬듯 자연스럽다. 사람들이 소유의 정체성을 떠올리는 건 '숨을 어떻게 쉬더라'를 기억해내는 일과 같아 보였다. 숨쉬는 법을 떠올리는 순간 호흡이 어색하게 느껴지지만, 잠시 뿐이다. "남자끼리? 더러워" 이런 대화가 일상인 세상에서 다시 숨을 쉰다.

그래도 동료들은 소유의 정체성을 '인정'한다. 다만 '예외'로서. 소유라는 예외'는' 인정해준다. 이 예외는 오히려 이들 리그의 '정상성'을 공고히 한다. 대화를 나눌수록 소유는 자신을 '예외', 그러니까 비정상이라고 보는 세상의 상식을 확인한다. "점점 안 어울리게 된 것 같네요."

성소수자들은 자신이 일반적인 길에서 벗어났다고들 말했다. "제 길을 가는 거죠." 이들이 벗어난 길이란, 이런 류의 대화와 일상을 포함한다. 여자 이야기가 나오면 "예쁘냐?"부터 묻는 대화. "요즘 것들은"으로 시작하는 품평, 아파트 평수와 자녀 성적과 남편 건강으로 채워지는 소소한 일상. 평범함 속에는 성별을 포함한 모든 권력 위계를 내면화하는 잔인함이 숨어 있다. 우리의 일상은 잔인한 상식을 이어 붙인 징검다리와 같다.

어긋난 삶에 내려지는 처벌

남들 다 지나는 징검다리를 밟지 않고 물가를 걷는 일은 보통 마음으로 택할 수 있는 것이 아니다. 홀로 옷이 다 젖는다. 그 정도면 운이 좋다고 말하게 된다. 물살이 세지 않기만을 바란다.

문식은 직장에서 정체성을 끝까지 안 밝히고 싶다고 했다.

"사람들 반응을 예측할 수 없으니까요. 어떻게 나올지 모르니까. 떠올려본 적도 없고, 떠올리기도 싫고."

직장을 만 원짜리로 엮은 목줄이라 했다. 그 목줄만으로 충분하다.

"제가 제 자신을 더 힘들게 할 순 없잖아요."

어떤 이들은 '주류'에 있고 싶다고 했다. 강표는 패션과 디자인에도 관심이 많았으나, 사무직 일을 택했다. 퀴어성이 드러나는 직업을 선택하고 싶지 않았다. "패션 계열에는 그런 사람들이 많잖아요."

강표는 '그런 사람'들이 많은 공간에서 '평범한' 존재가 되길 거부한다. 그곳은 '주변'이니까. 경계의 밖으로 가는 자신을 경계한다. 성적지향을 숨기기 위해 주류 문화에 더 편입되고자 하지만 그렇다고 주류에 머물 수 없다는 것도 안다. 남성 공간에서 강표는 주변적 존재다. 앞서 말했지만, '남성됨'은 지속적인 인정 투쟁의 과정이다. 그 전쟁에 참전할 마음은 없다. 강표의 바람은 '전형적인 남자'가 되는 것이 아니다. '상남자'라는 말에 인상부터 찌푸렸다. 자신도 혼란스러운 듯하더니 이렇게 말을 맺었다.

"저는 퀴어이지만 퀴어이고 싶지 않아요."

이해하겠어요? 묻는 눈으로 보다가 스스로 답한다.

"내가 '나'인 걸 받아줄 수 있는 사회가 아니니까요."

이 사회는 성소수자들이 '나'로 지낼 수 없게 한다. '정상
성'을 연기라도 해야 더 힘든 삶을 피할 수 있다. 사회는 성별
이분법-정상가족으로 드러나는 '정상 규범'에서 어긋난 인생
에 가혹하다. 처벌을 가한다. 직장에서 그 처벌 방식은 해고,
재계약 파기, 직장 내 괴롭힘이 되겠다. 그 이전에 고용 자체
를 거부한다. 동성애자인권연대(현 행동하는성소수자인권연대)
곽이경 전 운영위원의 말은 그래서 의미심장하다.

"직장 내에서 성소수자를 보호할 법이 없는 것이 문제가
아니라, 이 사회가 성소수자를 보호하지 않는 것을 원칙으로
하기에 노동 현장에서도 성소수자를 보호할 필요가 없는 겁
니다."

성소수자를 보호하지 않는 것이 이 사회의 작동 매뉴얼이
다. 이들의 존재를 눈치채지 못하는 이유는 하나다. 눈치챌
필요가 없기 때문이다. 우리는 세상에 단 한 명 있는 삼성 전
회장 이건희의 존재를 안다. 페이스북 창립자 마크 저커버그,
'얼굴 없는' 화가로 유명한 그래피티 아티스트 뱅크시도 안
다. 그런데 전 세계 3억 명쯤 되는, 한국에는 260만 명 있다고

추정되는(전체의 5퍼센트라 추정한다면) 성소수자는 단 한 명도 모른다. 성소수자를 몰라도 사는 데 어떤 타격도 없다.

성공한 몸과 실패한 몸

어떤 존재를 몰라도 된다는 편리함은 대체 어디서 나오는 것일까. 근대 이후 사람들은 '온전치 않음'을 부정했다. 온전치 않음은 일시적인 상태이거나 온전함으로 가는 과정일 뿐이라고 여겼다. ('병은 나아야 한다', '장애는 극복할 수 있다', '동성애는 고칠 수 있다'.)

건강하지 않은 몸은 (의료적) 실패로 규정됐다. '정상의 몸'으로 돌아갈(완치) 수 없다는 판단이 들면 병원이나 가정에 가뒀다. 전환치료 대상인 동성애자도 같은 처지였다.

'부정적인' 몸을 사적 영역에 가두고, "공적인 세계는 힘의 세계이자 가치 있는 육체의 세계이며, 성과와 생산성의 세계이고, 젊고 성인인 비장애인의 세계"[3]가 됐다. 또한 그것은 이성애자-비성소수자의 세계였다. 온전함은 최상의 상태를 가리켰고, 그것은 생산력을 갖춘 건강한 몸으로 쉽게 욕망됐다. 온전한 몸을 관리하고 변수를 통제해 생산성의 효율을 극대화할 수 있다는 근대 자본주의의 믿음은 커져갔다.

3   수전 웬델, 《거부당한 몸》,
     강진영·김은정·황지성 옮김, 그린비,
     2013.

신체란 '이성'을 통해 규율과 통제 가능한 영역이 되었고, 개인은 이제 자신을 관리하는 주체가 되었다. '노오력'을 요구하는 통제적 자기관리의 역사는 이렇게나 유구하다. 사람들에겐 새로운 과제가 주어졌다. "정상성을 잘 유지하는 존재로 계속 스스로를 재생산"[4]하는 것. 개개인이 정상성을 재생산하는 세상에서 성소수자들은 거듭 '실패'한 몸이 된다. 의료적 실패인 병든 몸처럼 유폐되어야 하는 존재이며, 부정당하거나 없는 취급 당한다. 세상에 서지 못한 채 편견 속에 갇힌다. 그나마 '예외'로라도 취급되는 게 어딘가.

그러니까 이들이 직장에 없는 것은 당연하다. '없는 이'들을 위한 보호 장치나 권리란 있을 수 없다.

무지해야 미워할 수 있다

존재를 없애는 방법 중 하나는 기존 사회의 '편견'을 유지시키는 것이다. 그렇게 누군가를 예외적 존재로 만들어버린다. 있지만 없는 존재. 이것은 '온전치 못한' 다른 정체성들에도 적용된다. 사람은 모두 언젠간 아프지만(오히려 '건강한' 상태가 일시적인 것일 수 있다) 그 점은 인정되지 않는다. 병든 몸은 예외다. 장애 또한 예외다. 장애인은 거리에서 치우고, 얼굴색

4 나영, 〈불평등과 성적권리로 관점을 전환하는 여성주의적 재생산 정의운동〉, 《장애/여성 재생산권 새로운 패러다임 만들기 종합토론 자료집》, 장애여성공감, 2015.

이 다른 노동자는 공단 안으로 깊숙이 몰아넣는다.

보이지 않는 존재는 모호하다. 모호한 존재는 미워하기 용이하다.[5] 성소수자들을 향한 혐오 세력의 왜곡된 정보는 일일이 정정하기도 어려울 만큼 많지만, 그 무지는 우연이 아니다. 무지해야 미워할 수 있다. 편견이 난무한 세상에서 성소수자들은 자기 서사를 이야기하는 것조차 꺼리게 된다. 자신의 이야기가 성소수자 서사의 모든 것이 될까봐. 인터뷰에 응한 성소수자들은 자신의 경험이 다른 성소수자들의 경험을 일반화하지는 않을까 하나같이 염려했다.

어떤 이는 자신이 세상이 말하는 전형적인 '게이/레즈비언 스타일'이라 커밍아웃을 하기 꺼려진다고 했다.

"그 사람들 인생에 처음이자 한 명의 동성애자일 텐데. 저를 보고 저런 사람들은 다 그래, 생각할 거 아니에요."

오랜 세월 편견에 노출되어왔고, 그래서 자신이 편견을 재생산할까봐 두려워한다. 사회가 부러 만들어내는 편견은 공고하고, 우리는 편견에 무방비하고, 당사자들은 작은 행동조차 조심한다. 그래도 말하지 않고는 못 견디겠다. 바이섹슈얼 혜민은 가능한 한 커밍아웃을 하며 살고 싶다고 했다.

"그것을 빼놓고는 나를 설명할 수가 없거든요."[6]

사는 동안 사람들은 나를 설명할 말을 찾아다닌다. 존재를 지우려는 시도에 대항하는 방법은 존재하는 것이다.

---

5   "미움받는 존재는 모호하다. 정확한
것은 온전히 미워하기가 쉽지 않다."
카롤린 엠케, 《혐오사회》, 정지인 옮김,
다산초당, 2017.

6   혜민(바이섹슈얼, 카페
아르바이트)과의 인터뷰.

경계에 서서 대항하기

이들은 존재한다. 유리구두를 신고 면접장을 통과하지만, 피 흘리는 맨발을 절뚝이며 번번이 일터 밖으로 내몰린다. 이들의 자리는 경계선 안쪽도, 바깥쪽도 아니다. 무엇이 '안쪽'의 몸인지를 (패싱을 통해) 표현하고, 무엇이 '바깥'의 몸인지를 (패싱을 들키는 것으로) 드러낸다. 이들은 경계를 넘나들거나 경계 자체에 머물며, 그 자신이 이 사회의 경계가 된다.

원래 예외라는 것이 그렇다. 바깥은 안을 위해 존재한다고들 한다. 예외의 존재는 보편(그러니까 정상)을 강화하는 데 사용되어왔다. 그러나 예외는 거듭 확인될 수밖에 없고, 예외'들'은 의도하든 의도하지 않든 '정상성'에 균열을 낸다. 무엇이 정상이고, 무엇이 비정상인가를 가르는 반복된 학습은 이내 '도대체 정상은 무엇인가?'라는 질문으로 튀어버리기 때문이다.

자신의 질병 경험을 서술한《아픈 몸을 살다》에서 아서 프랭크는 '아픈 몸'은 "경계에서 삶을 조망하면서 우리의 삶의 가치를 새로운 방식으로 생각해볼 수밖에 없게"[7] 한다고 했다. 주류의 '건강한 몸' 환상에 들어맞지 않는 주변화된 몸은 그런 역할을 한다.

경계에 서면 그간 당연하다고 여겨온 것들이 낯설어진다.

---

7   아서 프랭크,《아픈 몸을 살다》, 메이
옮김, 봄날의책, 2017.

'일반의' '평범한' '정상적인' 것들이. 일터의 퀴어들은 생산과 효율을 위해 내 자신마저 '정상으로' 꾸준히 재생산해내야 하는 노동을 낯설게 보는 이들이다. 그 경계성이 안과 밖을 뒤흔든다. 정상과 비정상이, 효율과 비효율이, 생산과 비생산성이 기존의 자리를 이탈한다.

아서 프랭크는 이를 두고 말한다. 경계에서 삶을 조망한 결과, "그저 오랫동안 살아왔던 대로 계속 사는 대신 살고 싶은 삶을 선택할 수 있게 된다"고. 성소수자들은 살고 싶은 대로 살 수 없어 괴로워하지만, 그이들의 삶은 "살아온 대로 계속" 살 수 없는 삶들과 만나게 된다. 성소수자들의 곁이 이들의 존재를 감추거나 예외화하지 않고 '드러냄'에 응답한다면 말이다.

사라지지 않기 위해 응답하다

그럼에도 '우리'가 왜 응답해야 하느냐고 묻는다면 이렇게 답하고 싶다.

"우리도 사라질 판이니까."

'없다'고 취급되는 건 성소수자만이 아니다. 세상이 감추려 하는 이들은 많다. '정상'을 벗어나면, 규범에 어긋나면, 사라짐을 강요받는다. 우리는 존재 자체를 이유로 늘 사라져왔다. 뚱뚱한 여자는 여자로서 사라진다('너도 여자냐?'). '여자답게' 고분고분하지 않은 여자도 사라진다('쟤는 남자지'). 취업 면접장에서 여자는 투명인간 취급당한다(무시하다가 기껏 한다는 질문이 "결혼할 겁니까?"). 취업난의 스포트라이트는 '장애인', '질환자', '비대졸자', '성소수자'를 비추지 않는다. 그렇다고 조명을 받는 사람들은 행복한가. '노오력'하고 '자기관리'하지 않는다면? 손쉽게 퇴출된다. 여자만? 의외로 남자가 더 쉽게 사라진다. 남성 지배 질서에 순응하지 않거나 도태된 남자들이 어떻게 되는지 이미 충분히 보았다.

우리는 모두 사라지지 않기 위해 노력해왔다. 사라지는 삶을 실패라고도 말하고, 낙오라고도 불렀다. 루저, 잉여, 무능력자. '정상'과 '표준'에 들지 않으면 소용없다고 말하는 사회에서, 열정도 능력으로 증명하라는 사회에서, 끊임없이 '나'라는 자원을 자본화해야 하는 사회에서 늘 불안했다. 애썼다. 그 애씀에 숨이 차 행복하지 않다. 무언가 잘못됐다. 작동 설명서를 다시 봐야 할 때다.

경계에 선 이들의 경험과 목소리에 응답한다는 건, 지금까지 세상이 작동해온 방식에 의문을 갖는 일이다. "오랫동안 살아왔던 대로 계속 사는 대신" 다른 삶을 꿈꾸는 일. 그러므로 퀴어는 일터에 있어야 한다. 퀴어인 그대로.

그렇다면 '우리'는? 퀴어가 주변화된 정체성으로 주류의 온전함을 뒤흔드는 존재라고 한다면, 그래서 경계의 안과 밖을 구분 짓는 권력과 구조에 물음을 던지는 존재라면, 이렇게 말하겠다.

"결국 우리는 모두 퀴어죠."[8]

---

8   크리스토퍼 이셔우드, 《베를린이여 안녕》.

'그들'의 이야기를 통해 '우리'로 만나다

    초벌 원고를 완성하고 인터뷰를 해준 이들을 찾아갔다. 그 사이 정현은 개명을 한다고 했다. (사회통념상) 성별을 알 수 없는 이름이었다. 정현의 원래 이름을 알지 못하지만(우리는 필명으로 서로를 소개하고 만났다), 그의 지금 이름이 좋아졌다. 거의 1년 만에 만난 정현은 정규직원이 되어 있었다. 새로 옮긴 직장에서 우연한 기회로 팀장에게 커밍아웃도 했다고 했다. 팀장은 사고방식이 '닫힌 사람'이 아니었다. 정현 인생에서 '운이 좋았다'고 말할 수 있는 순간이 생긴 것이다. 예전보다 편히 회사를 다닌다고 했다. 고작 한 명이었으나 그 한 명이 마음의 짐을 덜어주었다. 여자 팀장이었고 정현과 나는 그이가 페미니스트가 아닐까 추측했다. 그러나 몇 개월 뒤, 정현은 직장을 새로 구하고 있었다. 이유는 묻지 않았다. 다만 얼마 후, 그토록 일하고 싶어 하던 인권 단체에서 일한다는 소식을 들었다. 그곳에서 정현은 남성, 아니 본연의 자신이 됐다.

우연은 초고를 보더니, 가명이 아닌 자신의 본명을 글에 넣어달라고 했다. 내가 임시로 붙인 '원준'이라는 이름을 '우연'으로 고쳤다. "어차피 알아볼 사람도 없을 텐데요." 우연은 웃었지만 나는 이것이 웃어 넘겨도 되는 일인가 생각했다. 정말 괜찮냐고 묻기에는 우연의 무엇이 달라져 있었다. 이유를 모르는 나는 그저 "예전보다 더 여유로워 보여요"라고 했다.

우연은 그의 삶을 찾아온 여유에 대해 들려주었다. 애인과 함께 산다고 했다. (우연의 애인이 가사노동을 주로 담당하고 있었고, 우리는 집안 '살림'을 회피하고 있는 사람으로서 동질감을 가지고 잠깐 이야기를 나눴다.) 그러나 우연의 글이 본명을 찾을 수 있었던 이유는 따로 있어 보였다. 우연의 인생에서 큰 비중을 차지하는 것 중 하나는 종교 생활이었다. 드디어 교회에서 커밍아웃을 했다고 했다. 예상보다는 수월했지만, 그럼에도 긴장은 있었다고 했다.

우연은 이제 자기 자신으로 집과 교회에 머무를 수 있게 됐다. '사랑하는 사람들에게 자신을 드러내고 싶다'던, 첫 만남에서 말하던 바람이 조금쯤은 이뤄졌다. 삶의 공간에서 '나 자신'으로 있다는 사실이 그에게 여유를 주었다. 직장에서도 이런 일이 가능하길 바랄 뿐이다.

　책 출간을 기다리는 사이, 인터뷰를 해준 이들의 삶도 변했다. 어떤 이는 그 사이에 진급을 했다고, 이 책에 적힌 자신의 옛날(?) 직급을 보고 웃었다. 그의 인생은 소소히 변해가고 있었다. 정교사인 우연, 공무원인 강표는 일터에서 큰 변화를 겪지는 않았다. 그러나 비정규직이나 아르바이트 직업을 가진 이들은 지역을 옮기고 직장이 바뀌었다(물론 비정규직이라는 고용 형태만이 원인은 아니다).

　마늘은 콜센터를 그만두고 학교를 졸업한 후 새로운 일을 구했다. 교사는 되지 않았다. 요즘 어떤 일을 하는지 열심히 설명해주었으나 나는 거의 알아듣지 못했다. 네트워크와 플랫폼 정도가 내 머리에 남은 단어였다. 개인과 개인의 거래인 양 구는 플랫폼 노동의 실체가 속속 드러나고 있었다. 공간을 제공하는 척하지만 실은 중간 착취 중개업 기능을 하는 플랫폼 자본은 불안한 노동을 끌어당긴다.[1] 처지가 불안할수록 플랫폼 노동으로 이끌리게 마련이다. 택시, 가사 관리, 대리운전 등이 가장 앞서 플랫폼으로 고용이 흡수된 것을 봐도 알 만하다. 마늘 같은 이들은 정규적이고 정형화된 직장에서 배제된 채 비정규 노동을 떠돈다. 요즘은 플랫폼으로 흘러가는 추세다. 크고 작은 플랫폼들이 드리운 그림자가 노동의 사각지대

---

[1]　"중개수수료가 플랫폼 기업의 수익의 원천인 한, 그 무엇도 실질적으로 '공유'되고 있지 않다. 오직 자본가 계급에게만 사회 내의 유휴 노동력을 각자 필요할 때만 가져다 쓰는 '노동력 공유의 유토피아'가 실현되고 있을 뿐이다." 최철웅, 〈플랫폼 자본주의의 정치경제학〉, 《문학과학》, 2017년 겨울, 문화과학사.

를 만들고 있다.

'아까운 사람'이라는 말을 싫어하지만(세상에 아깝지 않은 사람은 없으니까), 영민하고 사색적이고 다부진 마늘과의 인터뷰는 나에게 큰 즐거움이었다. 그가 이끌어주는 세계를 알아가는 즐거움. 그래서 아깝다는 생각을 했다. 아니, 사람을 아깝게 만드는 세상에 대해 생각했다. '그 자신으로 살겠다'는 마늘을 왜 도무지 못 받아들이는 걸까. 물론 그이만이 아니다. 누구든 '나 자신'으로 살 수 없다.

나 자신으로 노동할 수 없던 나는, '자신으로 노동하는' 것이 중요한 문제라 말하는 이들을 만났다. '먹고사니즘'은 왜 우리를 가만두지 않는 건가. 그 답을 찾고 싶었다. 왜 저들과 우리, 그러니까 '우리'를 어떤 틀에 넣어 훈육하고 길들이는가. 어떤 필요 때문인가. 어떤 작동 원리인가. "문제는 자본주의야"처럼 빤한 답밖에 찾을 수 없다는 것을 알면서도 작업을 시작했다. '저들'의 이야기를 통해 '우리'로 만나고 싶었기 때문이다.

마늘은 커밍아웃을 이렇게 설명했다.

"흰 도화지에 저희들이 중간중간 검은 점처럼 박혀 있는 것 같아요. 커밍아웃을 하는 건 그 점이 색을 퍼트려가는 것 같아요. 잉크를 한 방울 떨어트리면 그게 퍼지잖아요. 주변에 내가 있음을 스며들게 하는. '내 주변에 없겠지?'라고 생각하면 쉽게 그런 발언을 하지만. 내 주변에 있다고 생각한다면 멈칫하겠죠. 저는 그 머뭇거림이 중요하다고 보거든요."

우리가, 아니 내가 그 잉크처럼 번져 나가길 바랐다. 자본이 입힌 색이 아닌, 마늘이 떨어트린 잉크를 덧입고 먹고사니즘의 근원인 '노동'을 볼 수 있기를 원했다.

그러나 나 또한 세상의 '색'을 가진 사람인지라, 많은 말들을 탈락시켰다. 규원이 자신의 일터에 대해 했던 말을 제외시켰다.

"얼마 전에 식당에서 야유회를 갔는데, 불편하지도 않고 편한. 이건 자기가 다니는 공간의 사람들과 관계 맺음이 어떠한가에 따라 다 다른 것 같아요. 제가 일하는 곳에서는 불편하게 하는 사람이 없는 것 같아요. 처음 관계 맺을 때, 질문이라는 게 유형화되어 있으니까 '남친 있어요?' 이런 말을 당연히 들었는데 그 뒤로는 불편하게 굴지 않는 거 같아요."

어쩌면 불편하지 않은 규원을 상상하지 못했기 때문일지도 모른다. 사람들이 일터에 퀴어가 존재하는지 모른다는 내용의 글을 쓰고 있는 나는 '일터를 불편해하는 퀴어'만 아는지도 모르겠다.

마늘이 일터에서 순간순간 기대되는 성별 중 하나를 골라 자신을 배치하는 일에 대해 들려주었을 때, 성애에 대한 감각이 없어 자신을 '이성애' 세계의 '여자' 모습으로 상상하지 못하는 채연이 직장에서 어떤 여자 역할을 할지 선택한다는 이야기를 들을 때, 소유가 자신은 아주 다양한 정체성으로 이뤄졌고 게이라는 성적지향 정체성이 자신의 삶에 미치는 부분이 어느 순간은 극히 일부였다가 또 다른 순간 돌이켜보면 삶 전체에 영향을 미치고 있음을 들려주었을 때, 나의 모든 정체성이 몸에서 부유하는 듯했다. 늘 특정한 역할극을 해야 하는 사회적 삶 속에서 하루하루 엮어지는 정체성들. 나 자신으로 살고자 하는 욕구가 밀려오지만, 뒤돌아서는 순간 나 자신이 무엇인지 몰라 혼란스럽기만 하다.

이해하는 만큼 들었고, 이해하는 만큼 썼다. 그리고 이들에게 말하고 싶은 만큼 말해달라고 했다. 채연이 하얀 쌀밥에 대해 말했을 때 고마웠고, 우연이 스스로 떠난 이에 대해 물었을 때 슬펐다. 우연은 그 사람도 인터뷰한 적이 있냐고 물었다. 나는 없다고 했다. 했을 리 없다. 일터에서 일하는 이들을 취재했다. 적어도 몇 개월 이상 지속적으로 일을 한 성소수자를 우선 만났다. 세상을 떠난 그이가 취업을 하고 안정적으로 몇 년을 머물 수 있는 사회였다면 인터뷰를 위해 우연도, 그 누구도 만날 필요가 없었을 테다.

노동을 취재하지만, 늘 누구도 만날 필요가 없기를 바란다.

감사의 말

책이 나오는 과정에서 많은 도움을 받았다. 책의 초기 원고를 여성주의 저널 '일다'에 연재했다. 지면을 내어준 '일다'와 조이여울 대표, 그리고 원고 감수를 맡아준 곽이경 활동가, 인터뷰이 확보를 위해 애써준 조나단(행동하는성소수자인권연대, 이하 '행성인')과 엔진(울산성소수자모임 디스웨이), 그리고 흔쾌히 사진 사용을 허락해준 '친구사이'와 '행성인' 상근활동가와 촬영자분들에게 감사 인사를 전한다. 서툰 기록자에게 자신의 이야기를 들려준 스무여 명의 인터뷰이와 미숙한 글을 이끌어준 임세현, 양선화 편집자 없이는 나올 수 없는 책이었음을 기억한다.

퀴어는 당신 옆에서 일하고 있다

초판 1쇄 펴낸날   2019년 11월 13일
초판 3쇄 펴낸날   2024년 6월 10일
지은이   희정
펴낸이   박재영
편집   임세현·한의영
마케팅   신연경
디자인   조하늘
제작   제이오
펴낸곳   도서출판 오월의봄
주소   경기도 파주시 회동길 363-15 201호
등록   제406-2010-000111호
전화   070-7704-2131
팩스   0505-300-0518
이메일   maybook05@naver.com
트위터   @oohbom
블로그   blog.naver.com/maybook05
페이스북   facebook.com/maybook05
인스타그램   instagram.com/maybooks_05

ISBN   979-11-90422-01-7 03300

만든 사람들
책임편집   임세현
디자인   조하늘